2022年度浙江省哲学社会科学规划课题"新时期服饰文创产品与
究"项目编号：22NDJC147YB

新时期服饰文创产品开发应用与服务设计融合路径研究

陈丽丽　著

吉林大学出版社

·长春·

图书在版编目（CIP）数据

新时期服饰文创产品开发应用与服务设计融合路径研究/陈丽丽著.－－长春：吉林大学出版社，2023.10

ISBN 978-7-5768-2596-1

Ⅰ.①新… Ⅱ.①陈… Ⅲ.①文化产品－服装设计－研究－中国Ⅳ.① G124 ② TS941.2

中国国家版本馆 CIP 数据核字 (2023) 第 225267 号

书　　名	新时期服饰文创产品开发应用与服务设计融合路径研究
	XINSHIQI FUSHI WENCHUANG CHANPIN KAIFA YINGYONG YU FUWU SHEJI RONGHE LUJING YANJIU
作　　者	陈丽丽
策划编辑	矫　正
责任编辑	矫　正
责任校对	李潇潇
装帧设计	久利图文
出版发行	吉林大学出版社
社　　址	长春市人民大街 4059 号
邮政编码	130021
发行电话	0431-89580028/29/21
网　　址	http://www.jlup.com.cn
电子邮箱	jldxcbs@sina.com
印　　刷	天津鑫恒彩印刷有限公司
开　　本	787mm×1092mm　　1/16
印　　张	10
字　　数	200 千字
版　　次	2024 年 6 月　　第 1 版
印　　次	2024 年 6 月　　第 1 次
书　　号	ISBN 978-7-5768-2596-1
定　　价	68.00 元

版权所有　翻印必究

前　言

　　文创产品又称文化创意产品，属于文化创意产业的领域范畴，泛指由文化创意产业衍生出来的以文化为主体、创意为核心，通过一系列技术手段进行开发制作而来的，具有高知识产权和功能价值的文化产品。当代文创产品可以通过生产开发商、设计师等专业人才的研究考察、元素提取、创意设计、制作生产等流程，将中国历史文化资源进行创造性转化和创新性发展，以此成为具体的、有趣的、饱含创意且内涵丰富的、形式多样的、具有高附加值的新时代年轻态文化产物。

　　中国是一个历史悠久的，数千年来保持着统一持续文化形态的古国。中华民族创造了世所罕见的物质文明和精神文明，更创造了人类历史上不可磨灭的、永恒魅力的美。如何在文创产品的研发过程中，加强对产品所蕴含的历史文化内涵、当代价值、思想引领、艺术审美和鉴赏力的创造，使其能够更好地体现中国传统文化的精神气质，诠释中国历史文化资源的当代价值，让当代大众能够在使用和把玩这些文创产品的同时获得精神的滋养和艺术的熏陶，并且在实现文创产品自我功能提升的基础上为中国传统文化资源的传播和保护创造新的途径，这些都是需要我们艺术研究工作者重点关注的问题。

　　另外，当今正值科技发展迅速的时代。20世纪初，人类已基本实现了由农业时代向工业时代的彻底转变，随后不过几十年，人们又进入了信息化时代，人工智能、大数据等新一代信息技术被广泛运用。而如今，人类社会产品同质化严重问题当道，因此正需将服务与运营置于主体地位之后（即后产品时代），许多服务类产品的组织架构需要重新被规划。后产品时代中，商业机构的服务思维也出现了很大转变，其改变结果具体体现为三点：产品驱动、效率驱动与用户驱动。其中产品驱动，即产品针对各个单独触点来解决核心触点；效率驱动，即提高整体效率；用户驱动为核心内容，它的特点是以用户为中心，具体体现为融合了用户的线上线下体验，而体验又随需求链而转变，因此在当代想做好以服务运营为主体的设计，其过程必然是需要顾及全方位且复杂多变的。

　　目前在我国快速发展的背景下，因此当下消费群体的文化消费感受能力和审美能力也在日益提高，在购买文创产品时，从最初看重产品其实用功能，注重其使用价值，逐渐转为关注产品的文化情感与社交属性。[1] 因此，在如何提高文化创意产品的市场竞争力与经济效益方面，将文创产品的开发应用与服务设计融合在满足大众日益增长的美好

---

[1] 雒飞阳，蔡克中. "国潮"背景下的产品设计研究[J]. 工业设计，2020（01）：63-64.

生活需要的基础上以提升大众的审美水平和鉴赏能力，增进文化认同，坚定文化自信，为确保中华文化保持持久生命力和无限的创造力提供了更加有力、有效的合理路径。

服饰文创产品代表的不仅是人们对于美的追求，还是国家和民族历史及文化的载体。服饰文创产品在传承传统工艺的同时又结合现代文化，其根本是服务育人，所以想要做好不同时空的文化结合，服饰文创产品就要在文化融合中发展，在市场交流中传承。做好新时期服饰文创产品，既需考虑中国传统元素和当下潮流元素的融合，还需兼顾服饰文创产品的服务性和反馈性，同时考虑符合现代大多数消费者的精神文化体验与差异性需求。

基于此，本书以文创产品在中国的发展历程为切入点，阐述中国特色文创产品的当代价值以及国潮文化背景下服饰文创产品的开发应用；分析服务设计理念及其融于服饰文创产品开发价值，以土家族织锦文创产品文化体验点设计为例，详述基于服务蓝图的服饰文创产品体验设计方法；通过对比中外博物馆文创产品的开发模式与服务设计以及汉服文化、民族刺绣元素、传统染缬技艺在文创产品中的开发应用与服务设计，反映新时期服饰文创产品的开发应用与服务设计现状，进而从符号融合、意义转化、形式移植、科技嫁接、服务系统设计等五个层面探讨新时期服饰文创产品的开发应用与服务设计融合路径，并把以壮锦为代表的广西民族博物馆作为设计对象，探讨服饰文创产品设计的实践，以期为政府部门、院校、相关文化机构和设计师在服饰文创的管理、设计、生产方面，提供合理的建议和可行的路径。

由于笔者研究水平有限，也囿于相关资料的短缺，本书尚存在许多不足之处，如在中外博物馆服饰文创产品开发模式、服务设计的对比中，案例不够全面，对服饰文创产品中存在的问题分析不够深入等，在今后的工作中，笔者将更加持续深化此领域的研究，为文化创意产业发展、中国优秀传统文化传播略尽绵薄之力。

陈丽丽
2023 年春

目 录

第一章 服饰文创产品服务设计概述 ……………………………………………… 1
    一、服务设计理念及其融于服饰文创产品开发的价值分析 ………………… 1
    二、服务体验设计及服务触点 …………………………………………………… 12
    三、基于服务蓝图的服饰文创产品体验设计方法与实践 …………………… 19

第二章 汉服文化在文创产品中的开发应用与服务设计 ……………………… 26
    一、汉服文化概述 ………………………………………………………………… 26
    二、汉服文化在文创产品中的开发应用与服务设计 ………………………… 42

第三章 民族刺绣元素在文创产品中的开发应用与服务设计 ………………… 51
    一、苏绣在文创产品中的开发应用与服务设计 ……………………………… 51
    二、蜀绣在文创产品中的开发应用与服务设计 ……………………………… 65
    三、苗绣与羌绣元素在文创产品中的开发应用与服务设计 ………………… 77

第四章 传统染缬技艺在文创产品中的开发应用与服务设计 ………………… 92
    一、传统染缬技艺概述 …………………………………………………………… 92
    二、传统染缬技艺在文创产品中的开发应用与服务设计 …………………… 106

第五章 新时期服饰文创产品开发应用与服务设计融合路径 ………………… 116
    一、融合原则 ……………………………………………………………………… 116
    二、融合路径 ……………………………………………………………………… 120
    三、案例实践验证 ………………………………………………………………… 136

参考文献 …………………………………………………………………………………… 148

第一章　服饰文创产品服务设计概述

　　文创产品就是将传统文化与现代轻纺、服饰、文具、玩具、日用品等巧妙融合，既有文化含量，又有实用价值与功能，使优秀文化元素融入公众的日常生活。服饰作为一个载体，承载的是地域文化和历史传统。把服饰元素与现代服饰产品设计相结合，与现代思潮和国际化设计理念相贯通，设计研发出既具备历史文化特色，又兼具审美性、实用性、时尚性，能真正融入人们生活，受年轻人喜爱的服饰类文创产品，既有利于活化文化艺术遗产，传承和发扬民族文化，保持民族的创新精神，同时又为地域发展注入新的活力，对宣传地域文明、弘扬民族精神有着非常重要的作用。

　　"服务设计"一词最早出现于20世纪90年代，它是伴随世界经济转型而诞生于当代设计领域的全新概念。在《设计词典》一书中，服务设计是这样定义的：从客户的角度来设置服务的功能和形式，让客户觉得可用、有用、想用。[1] 服务设计理念倡导参与者共同合作、切入"痛点"，提升服务质量，重塑价值并建立情感连接。这些新理念给服饰文创产品设计带来了新的思路，即摒弃孤立的产品思维，拓展广泛的服务思维。

一、服务设计理念及其融于服饰文创产品开发的价值分析

（一）服务设计的源起与发展

1. 概念阐述

（1）服务的概念

　　服务，也称为无形的质的产品，包括（大众的）注意力、建议、方式、体验和情感化劳动付出。[2] 基于生产信息和知识的"产品"一直被视为服务的一种。

　　服务是服务提供者通过渠道，将内容传递给被服务对象的过程。服务内容包括信息、材料、能量、产品、体验等；服务渠道传递、增强、控制服务内容，并且直接影响到被服务对象状态的改变。商业活动中的服务参与人由3个关键部分组成，即服务提供者、利益相关者和用（客）户。将服务创造过程中与顾客接触的程度作为服务分类的主要标志，可以将服务分为高接触度服务、低接触度服务和混合型服务3种类型。

---

[1] 张乃仁. 设计词典 [M]. 北京：北京理工大学出版社，2002：3.

[2] KARMARKER U.Will You Survive the Services Revolution[J].Harvard Business Review,2004（06）:100.

当前社会和经济的发展模式已从第二产业（即制造业、工业）转型为第三、第四产业（即服务业）。第四产业是一种新兴的产业，如信息技术产业（计算与ICT信息通信技术）、信息生成和共享、娱乐产业、研发以及知识服务，如咨询、教育、财务计划、网络博客撰写与设计产业。基于生产信息和知识的服务，现在被一些经济学家归类为第四产业。在服务经济时代，产品（物质产品与非物质产品）与服务已经融为一体。服务设计是一个系统的解决方案，包括服务模式、商业模式、产品平台和交互界面的一体化设计等。

（2）有形产品与无形服务

产品，包括有形的产品（物质产品）和无形的产品（非物质产品和服务）。服务设计赋予了产品以新的价值与意义。

学者们关于服务和产品的区别有过许多讨论。雷根（W. J. Regan）[1]将服务定义为一种客户参与买卖并获益精神满足感的行为过程，参与商业活动的实体产品，决定了服务的类型和质量。有学者提出了服务的4个独特之处[2]来区分产品和服务的关系：不确定性（Intangibility）、不可分离性（Inseparability）、不均匀性（Heterogeneity）和非持久性（Perishability）。当顾客需要消耗时间来等候服务时才显现，当身处服务中时并不明显。把握好这4个特点，设计服务者可以更加细微地洞悉服务环节中的无形纰漏，统一有形产品和无形服务之间的关系，协调进步。产品与服务的关系，见表1-1。

表1-1 产品与服务的关系

产品	服务
物质的，有形的	非物质的，无形的
被生产的	被执行的
能够被储藏和堆放	不能被储藏和堆放
购买之后，变更所有关系	购买之后，不变更所有关系
生产与消费分开	生产与消费不分
生产与顾客分离	服务与顾客交互代表了服务的实现
在生产过程中发现错误	在执行中发现错误

（3）服务要被设计的原因

在人工制品为主导的传统产品设计中，产品样式、外观被企业或设计师着重当作营销策略或设计重点。慢慢地，部分经营者发现设计可作为创新策略的关键要素，进而成为运营创新的手段之一。服务设计使企业从专注产品的外观、功能制造到专注产品本身的价值转型，再到着眼于产品功能和服务的创新，着眼于利用服务的价值，来寻求更多

---

[1] REGAN W J.The Service Revolution[J].Journal of Marketing,1963（03）:57-62.

[2] WOLAK R,KALAFATIS S,HARRIS P.An Investiga-tion into4Characteristics of Services[J].Journal of Empirical Generalisations in Marketing Science,1998（03）:22-43.

的创业机遇和创投资源。

服务设计的实质是设计一种有效的模式，用于组织、规划服务系统中的人、基础设施、沟通交流以及有形物质的各组成部分[1]，用于提高某项实体存在产品或无形服务的质量。整个服务的过程被看作是由外而内、不断迭代的系统，需要规划者亲身处于各环节中，不断地发现问题并解决。如果设计者在各服务环节中能自如运用设计的方法和技巧，那么系统会更加完善。设计一项服务的功能旨在调整原有的产品模式，弥补尚未满足各参与者要求的遗憾，在商业领域中创造一种新的服务模式，提供更好的帮助，通过再次规划为人们实现福祉。[2]

Design Studies 杂志在 2018 年第 55 卷第 3 期专门探讨了服务设计、服务创新、服务产品系统等话题。协同服务（Collaborative Services）[3]是人们在对等和协同的合作关系中，共同去创造未被满足的服务。有学者以韩国社区企业为例，运用网络分析与访谈方法，提出了一种服务设计目标和战略框架来加强社区的协作，增强协作网络中的相互理解，通过协同设计（Co-Design）来产生新的设计策略。[4]

（4）产品服务系统设计

产品服务系统（Product Service System，以下简称 PSS）的概念在 20 世纪 90 年代后期源于欧洲，尤其是荷兰和斯堪的纳维亚。[5]20 世纪 90 年代中后期，联合国环境规划署提出了"产品服务系统"的概念，其关键思想是企业提供给消费者的是产品的功能或结果，用户可以不拥有或购买物质形态的产品。[6]PSS 是一种在产品制造企业负责产品全生命周期服务（生产者责任延伸制度）模式下形成的产品与服务高度集成、整体优化的新型生产系统，通过产品与服务的耦合而创造新的价值。PSS 将有形的产品和无形的服务联系起来，旨在从系统论的角度出发，为从单独的生产循环转变到集成化的生产和消费循环创造了机会。

产品服务系统设计（Product Service System De-sign，以下简称 PSSD）是基于 PSS 而提出来的，主要是针对产品服务系统涉及到的战略、概念、产品（物质的和非物质的）、

---

[1] VARGO S L, MAGLIO P P, AKAKA M A. On Value and Value Co-creation: a Service Systems and Service Logic Perspective[J]. European Management Journal, 2008（03）:145-152.

[2] 王国胜. 触点-服务设计的全球语境[M]. 北京：人民邮电出版社，2017：19.

[3] JEGOU F, MANZINI E. Collaborative Services: Social Innovation and Design for Sustainability[M]. Milan: Edizioni Poli. Design, 2008.

[4] BAEK J S, KIM S, PAHK Y. A Sociotechnical Frame-work for the Design of Collaborative Services[J]. De-sign Studies, 2018（03）:54-78.

[5] GOEDKOOP M. Product Service Systems, Ecological and Economic Basics[M]. Netherlands: Ministry of En-vironment, 1999.

[6] KIMITA K, SHIMOMURA Y, ARAI T. A Customer Value Model for Sustainable Service Design[J]. CIRP Journal of Manufacturing Science and Technology, 2009（04）:254-161.

管理、流程、服务、使用、回收等进行系统的规划和设计。[1]

学者和企业正在从纯粹的产品导向向产品服务系统（Product Service System，以下PSS）方向发展，尝试创造新的资源价值，为客户提供整合的产品服务解决方案。郑萍等人[2]以平台和数据驱动为基础，以智能产品服务系统为例，提出了一种系统的服务创新设计方法来设计 i-BRE 口罩。弗莱塔格（M. Freitag）等人[3]以 AIDIMME 和某家具公司为例，运用 VR/AR 技术对办公家具的柔性产品服务系统进行了研究。贝佐塔（G. Pezzotta）等人[4]在首都大学东京开发了一种产品-服务设计模型工具，提出了服务工程框架，能够满足客户满意度和提升内部服务效能。武藤等人[5]基于软件工程方法与理论（Software Engineering Methods and Theory，SEMAT）提出了 PSS 设计指南，通过设计过程将 PSS 设计观点、重要事件告诉设计师，并管理设计过程。下村等人[6]在 PSS 概念设计中，提出了一种新的方法分析设计过程如何影响设计解决方案的特征，在多个 PSS 设计活动中运用了口语分析法，可视化设计过程并对设计进行评价。

可持续的服务设计对于客户满意度和满足利益相关者的需求是至关重要的。乔杜里等人[7]提出了可持续服务的概念，在模糊质量功能展开（Quality Function Deployment，QFD）方法基础上，提出了多阶段的 0-1 优化模型，通过整合的方法缩减可持续的维度鸿沟（社会的、环境的和经济的），以及研究新的方法为可持续的服务设计梳理牢固的概念基础，运用于孟加拉共和国的健康服务设计。索托等人[8]提出了双水平优化方法，通过公交车容量、换乘以及两种乘客模型（确定性的和随机的）来研究限速巴士服务（limited-stop bus service）。伊姆兰等人[9]在早期的服务发展中，提出了 Par-Ba-Se 服务框架使得服务设计方法参数化，使得利益相关者的需求在服务创新设计过程中得到了充

---

[1] 罗仕鉴，朱上上. 服务设计 [M]. 北京：机械工业出版社，2011：19.

[2] ZHENG P,LIN T J,CHEN C H,et al. A Systematic Design Approach for Service Innovation of Smart Product-service Systems[J]. Journal of Cleaner Produc-tion,2018（11）:657-667.

[3] FREITAG M,WESTNER P,SCHILLER C,et al.Agile Product-service Design with VR-technology:a Use Case in the Furniture Industry[J]. Procedia CIRP,2018（73）:114-119.

[4] PEZZOTTA G,PIROLA F,PINTO R, et al. A Service Engineering Framework to Design and Assess an Inte-grated Product-service[J]. Mechatronics,2015（10）:169-179.

[5] MUTO K,KIMITA K,SHIMOMURA Y.A Guideline for Product-service-systems Design Process[J]. Procedia CIRP, 2015（30）:60-65.

[6] SHIMOMURA Y, NEMOTO Y, KIMITA K. A Method for Analysing Conceptual Design Process of Product- Service Systems[J]. CRIP Annals：Manufacturing Tech-nology, 2015（01）:145-148.

[7] CHOWDHURY M M H,QUADDS M A. A Multi-phased QFD Based Optimization Approach to Sustain-able Service Design[J].International Journal of Produc-tion Economics, 2016（001）:165-178.

[8] SOTO G,HOMERO L,MUÑOZ J C.A New Solution Framework for the Limited-stop Bus Service Design Problem[J]. Transportation Research Part B,2017（11）:67-85.

[9] IMRAN S,HUSEN C V,HAEBERLE D. A Service Design Framework for the Initial Phase of Service De-velopment[J]. Procedia CIRP,2018（30）:120-123.

分满足。科斯塔等人[①]将服务融入制造企业，整合PSS与服务设计方法，将企业从以产品为核心转向以服务为目标，强调价值共创。

（5）服务设计与产品设计、用户体验设计的关系

从设计层面来看，服务设计与产品设计、信息设计以及平面设计之间存在着一定的联系和区别，见图1-1。

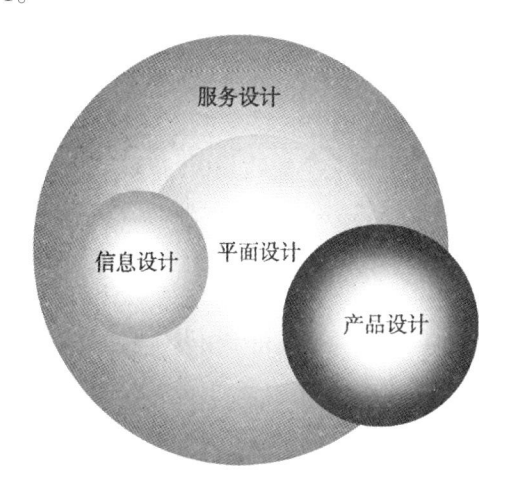

图1-1 服务设计与其他设计之间的关系

服务设计包含了平面设计、信息设计，与产品设计有很大的重叠；产品设计的有些内容不属于服务设计的范畴。

从用户体验与服务设计来看，两者既有联系又有区别，见图1-2。服务设计是产品和服务的基础，优良的服务设计是为了带来满意的用户体验，而价值共创则是最高目标。服务是一种过程，当服务结束后，记忆将保存对过去的"体验"；现代人愿意花更多的金钱及心血在愉快的"体验"上，这就要求服务质量要能跟得上；愉快的体验能够促使人们形成对消费的忠诚，而优质的服务是基础。

服务设计师能够"想象、表达和设计"一般人不能看到的，想象出不存在的解决方法，察觉和解释需求以及行为，并以体验的语言和优良的设计质量将它们转化为可能的服务特征，进行表述和评价。在体验经济中，以体验为中心的服务（Experience Centric Service，Ex S）应该得到关注。吉姆等人[②]运用矩阵体验设计板（Matrix Experience Design Board）来可视化Ex S快递系统（包括服务后台、前台员工、其他客户、后台员工以及技术支持系统），整合不同的工作流和工具，来创造更好的客户体验。

对于用户来说，好的服务设计会带来好的体验（包括产品、系统和环境等的参与、

[①] COSTA N,PATRÍCIO L.Bringing Service Design to Manufacturing Companies:Integrating PSS and Service Design Approaches[J]. Design Studies,2018（03）:112-145.

[②] KIM K J,LIM C.Experience Design Board:a Tool for Visualizing and Designing Experience-centric Service Delivery Processes[J].Journal of Retailing and Con-sumer Services,2018（11）:142-151.

使用和反馈等），为用户创造好的生活和工作环境以及便利性，用户的忠诚度和黏性就会高；对于商家来说，好的服务设计，会为用户带来好的体验，创造好的商业机会和利益点，转化率会提高。这两者都会为用户和商家创造共同的价值，达到价值共享。

2. 服务设计的发展

（1）服务角度的演变

1982年和1984年，学者萧斯塔克[1]先后发表了两篇关于"服务"可被设计的主题论文，首次提出了将具形的产品和无形的服务结合的概念，并首次提出了"服务蓝图"的设计方

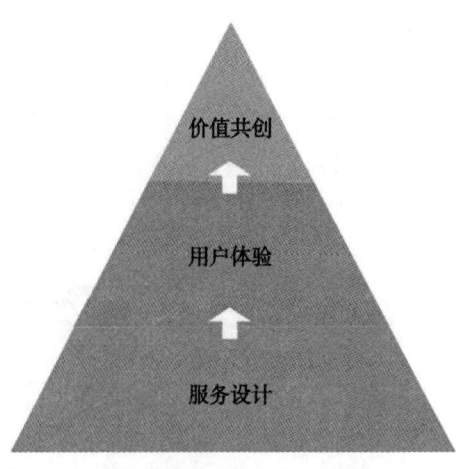

图1-2 服务设计与用户体验

法。1986年学者赫斯克特[2]从组织的商业角度出发，定义了"服务"的对象为客户、雇员、利益相关者及借贷方四者。2000年约翰逊提出了"新型服务发展"（New Service Development，以下简称NSD），意为整体发展新型服务的过程。同年爱德华松在此基础之上，扩大了"新型服务发展"的范围，其中包括战略、文化和服务政策的部署和实施，扩宽了服务设计的范围和领域，并提出了"服务"是由顺序、同时发生、重复或复发性3个因素组成的价值创造活动链，是一个整体的流程。1995年，简·加德利和合作者提出了"创造服务的意义是什么？"的问题，并作出回答：生产服务的定义即组织解决问题，并不是首先涉及提供一个有形的商品，而是将一系列参与者、技术、组织等各方面的能力综合运用起来，规划一种有效解决问题（对待方式、运营模式）的方案，完善了服务本身被设计的概念。[3]

（2）用户角度的演变

关于服务的定义，1994年学者科利尔[4]提出了"服务包裹"，或称"客户福利包裹"的概念，描述服务的本质即为客户带来益处，为服务设计提供了明确的方向，在市场学方面的文献中也曾出现类似的概念。

学者克拉克[5]改进了"服务"的定义，更加丰富了服务设计的整体环节与设计师、

---

[1] SHOSTACK G L.Designing Services That Deliver[J]. Harvard Business Review,1984（62）:133–139.

[2] ESKETT J L. Managing in the Service Economy[M]. Harvard Bus School Press,1986.

[3] GOLDSTEIN S M,JOHNSTON R, DUFFY J,et al.The Service Concept: the Missing Link in Service Design Research[J]. Journal of Operations Management，2002（20）:121–134.

[4] COLLIER D A. The Service/Quality Solution:Using Service Management to Gain Competitive Advan-tage[M].New York：ASQC Quality Press，1994.

[5] CLARK G,JOHNSTON R,SHULVER M. Exploiting the Service Concept for Service Design and Develop-ment[J].New Service Design,2000（07）:71–91.

企业管理者应注意的隐性联系。

①服务实施：服务传递的方式。

②服务体验：用户对于服务的直接经验。

③服务收益：为客户服务的好处和结果。

④服务价值：用户感知此项服务的内在收益与服务成本的互相权衡。

（3）市场角度的演变

1999年，拉夫洛克和赖特[1]以1960年麦卡锡提出的"4Ps"市场营销观念和1981年布姆斯和比特纳改进的"7Ps"观念为基础，提出了"8Ps"的市场营销服务概念，概念由服务产品、服务过程、服务地点、实体迹象、参与者、生产力和质量，还有价格和促销两个附加市场元素共同组成的8个字母P开头单词组成，将市场服务的大观念拆分，有效阐述了服务设计生态系统中的各个环节。

2000年，学者爱德华松等人[2]阐述了企业服务可用用户满意程度来衡量服务的质量，以及企业如何利用服务设计达到使用户满意的目的，得出了服务设计的对象即人的结论。艾维森[3]强调了设计在支持服务科学、管理和工程（SSMED）当中所起到的重要作用，使企业开始意识到了设计的重要性。

服务设计的成功企业案例，首先在公共服务有着大量需求的欧洲，如英国、西欧地区陆续出现，随之北半球的美国、南半球的澳大利亚、巴西等地的企业也开始相继学习成功案例，运用服务设计理念，在质量上改善企业效益。

现代技术的进步对于优化服务设计起到了积极的促进作用。好的服务设计离不开科学技术的支撑，随技术的广泛应用，服务设计的变革进程也在逐渐加快。如今的服务设计已逐渐演变为被大数据与人工智能所驱动的设计。

同样，设计与人工智能技术·的结合也在逐步融入人们的日常生活中，阿里旗下的未来酒店正是将服务设计体现得淋漓尽致的案例之一。与传统的商务酒店相比，此酒店最大的特征便是强烈的现代智能感，许多原本需要人工的服务环节都被智能设备取代，例如，进入酒店大堂后，传统酒店是在迎宾者或服务人员的帮助与引导和办理入住，但未来酒店是由机器人来引导，办理入住环节也是客人通过智能设备来自行办理。融入大数据与互联网+技术的未来酒店给予了入住者以极致舒心与便捷的服务体验，与此类似的还有盒马鲜生新零售、海底捞无人火锅店、阿里的"鲁班"AI设计系统等……但目前时代仍处于低人工智能时代，我们必将从设计手段、范式、思想、理论体系等方面不断变革，才能把人工智能有机结合于人们的生活，从而更有利于人工智能的发展和进步。

---

[1] LOVELOCK C, WRIGHT L. Principles of Service Management and Marketing[M].New York：Prentice Hall,1999.

[2] EDVARDSSON B,STRANDVIK T.Is a Critical Inci-dent Critical for a Customer Relationship[J]. ManagingService Quality，2000（10）:82-91.

[3] EVENSON S.Designing for Service[M].Eindhoven:Proceedings of DPPI,2005.

下一轮经济与社会发展的主要推动力,将来自于技术、设计与商业的深度融合,随人工智能被应用得越来越广泛,它与服务设计之间的关系也变得越来越融洽,推动服务设计朝向更优方向去发展。[1]专家预测,在不久的将来,很多的社会领域都将发生极大变化:新的工作方式、健康服务体系、娱乐、购物、出游,等等,服务设计的任务正是使其变得更加平易近人、使人身心愉悦,进而达到整体和谐,创造社会价值。

图1-3 未来酒店外观及内部图

（5）服务设计学界的演变

首先将设计与服务两词结合的应属林恩·肖斯塔克于1984年在《哈佛企业评论》发表的论文 *Designing Services*，而服务设计一词则在1991年出现于比尔·霍林斯夫妇的设计管理学著作 *Total De-sign* 之中。同年,科隆应用科学技术大学国际设计学院(KISD)的迈克尔·厄尔霍夫在设计教育界提出,可将"服务设计"作为一门学科发展研究。[2]

2004年,国际服务设计联盟SDN(Service Design Network)由德国科隆大学、卡内基梅隆大学、林雪平大学以及米兰理工大学等联合创建,旨在以学术的专业角度推广服务设计理念,用于指导企业的服务产业实践。至此,服务设计作为一门学科在全球教育界进行推广与普及。随后SDN进入中国,成立了SDN北京和SDN上海。

事实上,服务科学和服务工程在我国计算机界、管理界早已经开始了研究,20世纪90年代中期,IBM在全球首次提出了"服务科学"(Service Science)的说法,并对此展开了研究和学科探讨;2006年,加州大学伯克利分校开设了服务科学的研究生课程;北京大学2005年第一个成立了电子服务系,清华大学2006年建立了现代服务科学与技术研究中心,浙江大学计算机学院于2006年增设了"服务科学"二级学科博士点。

2010年,赫尔辛基艺术与设计大学赫尔辛基商业学院和赫尔辛基工业大学正式合并,成立了阿尔托大学(Aalto University);在计划合并的同时,2008年成立了服务工厂(Service Factory),通过多学科、多团队、多模式的交叉整合,研究服务设计的社会热点问题和相关技术,培养多学科交叉的复合型人才。

罗仕鉴于2011年在国内出版了第一本《服务设计》[3]著作,后续出版了一些与服务

---

[1] 罗仕鉴,邹文茵. 服务设计研究现状与进展 [J]. 包装工程,2018(24):43-53.
[2] 罗仕鉴,朱上上. 服务设计 [M]. 北京:机械工业出版社,2011:29.
[3] 罗仕鉴,朱上上. 服务设计 [M]. 北京:机械工业出版社,2011.

设计相关的学术论文，梳理了服务设计的概念、发展脉络，提出了服务设计的5个层次模型，服务设计的相关学科知识、研究内容以及开发设计流程；清华大学美术学院王国胜出版了《服务设计与创新》[1]，阿里巴巴茶山出版了两本服务设计微日记著作[2]，逐渐建立起了服务设计学术理论体系和应用实践之间的紧密联系。

（5）设计师角度的演变

除了企业面对着服务设计带来的机遇与挑战，这一转变更加考察设计服务的设计师规划、组织、各学科的分析及沟通能力。设计正从有形的物质世界到沟通、交流的世界，从交流到体验再到服务。在服务主导的产品设计范式之下，服务设计成为"产业设计"一支新兴的力量，在第四产业以服务设计为着重点发展的这一阶段中，"商品"逐渐向"仁品"靠拢。人工物与其所提供的服务被相关学者称其为"仁品"[3]，"仁品"的设计范式结合儒家的最高美德，实现大众的富裕生活，通过创造情感的附加价值为用户、"生活者"带来人文关怀，构建由"仁"筑成的社会。如何将"商品"有效地转化成"仁品"，以"仁品"及其服务驱动产业创新、带动产业利润，是企业和设计师共同努力需要做到的。

（二）将服务设计赋予服饰文创产品研发的价值

1. 服务设计与文创产品的关系

随着工业时代的发展，设计的范畴也在不断丰富，服务设计就是新生力量的代表之一。服务设计将人、物、环境、社会关系等多个方面的因素进行了有机融合。在信息化时代的大背景下，文创开发的重点应落在与人们的生活紧密结合、充分利用新媒体等手段，不断增加文创与大众的互动，来提高人们对文创的认可度。以博物馆文创产品研发为例，近年，博物馆也牢牢抓住这个机遇，进入了全面发展的快速期。但从国内博物馆文创产业发展实际情况来看，其经营模式存在较多不足之处。如何将服务设计运用于博物馆文创产品的开发与设计中，成为摆在各大博物馆面前的难题，而这也是博物馆市场发展现状的问题根源所在。因此，具体做法为：通过服务设计方法，对博物馆文创产业进一步优化，提升博物馆服务附加值，提升对消费者的吸引力，最终为游客营造更好的消费体验外部环境。[4]

2. 服务设计的3个层次模型

服务设计是信息与沟通技术、设计艺术学、心理学、社会学及市场等学科的交叉研

---

[1] 王国胜. 服务设计与创新 [M]. 北京：中国建筑工业出版社，2015.

[2] 茶山. 服务设计微日记 [M]. 北京：电子工业出版社，2015；茶山. 服务设计微日记2[M]. 北京：电子工业出版社，2017.

[3] 楚东晓，楚雪曼，彭玉洁. 从"造物之美"到"造义之变"的服务产品研究 [J]. 包装工程，2017（10）：37-41.

[4] 周娉，陈雨薇，石佳琦. 基于用户体验的博物馆文创产品个性化定制App设计 [J]. 湖南包装，2019（02）：97-101.

究领域，欧美发达国家在服务设计方面已经具备一定的理论基础和研究成果，而我国在产业化方面的后发力量也不可忽视。随着信息社会和网络技术的发展，人们审美情趣的变化以及个性化要求，服务设计走向了更广阔和更深远的领域，从根本上正在改变着人们的生活方式。本书提出了服务设计的3个层次模型：本体层、行为层和价值层，见图1-4。

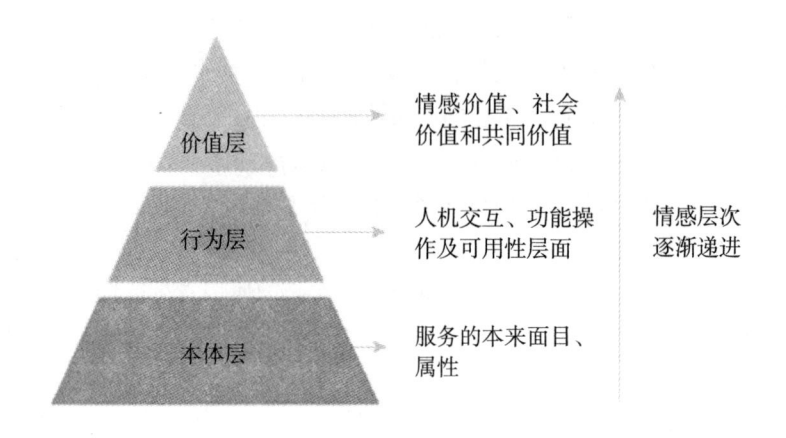

图1-4 服务设计的3个层次

（1）本体层

"本体"这个概念源于哲学领域，被定义为对世界上客观存在物的系统描述，即对事物的本来面目、所具有属性等的描述，可以简单地看作是一种对概念及其关系的系统的解释或规范说明。

反映到服务设计中，本体层的设计则是关注服务和设计本身，包括服务设计的本来特征、设计流程以及服务给用户带来的第一感受。

本体层的设计是通过人体感官对于服务本身的物理属性的不同感受，来与用户进行交流的，包括价值、人、对象、过程和环境，服务设计要关注服务提供者与服务接收者之间的接触点。

（2）行为层

行为层的服务设计关注服务的交互及操作性。行为层与本体层有一个共同的特点，便是无论文化、地域等背景如何，人们的在这两个层次中的认知是相同的，例如苹果手机的物理按键是用来按的，带滚轮的椅子可以随意滑动等等。

服务设计的核心理念是以人、以用户为中心，因此随着时代的改变及发展，除了充分运用服务设计方法外，想要把握服务设计的核心价值，清晰洞察潜在用户的行为动机、行为背后传递的目的显得尤为关键。

爱德华·希尔在《无声的语言》中按顺序描述了4类人与人之间的距离：亲密距离、

个人距离、社交距离以及公共距离。[1] 如何使用户在购物、使用产品或享受服务的过程中感到自在、愉悦，服务设计者应考虑用户与用户、用户与第二方发生互动时所身处的物理位置、人与人的距离、行动变化等因素，充分调动用户对产品、陈设环境的喜爱之情，来设计更舒适的用户体验。

（3）价值层

价值层的设计，是人们更多地去关注服务背后的故事及文化内涵，引起消费者的情感共鸣，最终形成特有的服务品牌和社会价值（Social Value），甚至是共创价值（Co-Creation Value）。

在人类不同的认知发展阶段，马斯洛层次需求理论可用来被形容人类个体所找寻的不同信息层级。在认知、审美和自我实现的水平阶段，人们找寻可以满足自我个性化服务的需要，包括追求新奇、个性的张扬和自我实现等。对于产品或者服务设计而言，需要进行个性化定制设计或者自适应设计，以满足用户的多样化、个性化需求，获得愉悦的精神享受体验，帮助用户找回自我满足感，进行自我帮助、自我疗愈，发挥用户的潜能、充分调动用户的积极性，并帮助其他用户达到净化心灵的目的。自我需求是服务设计呈现给用户的自我体验，强调差异性。

这3个层次以本体层为基础，以价值层为目标，以行为层为来源，互相关联，相互支撑。

2. 将服务设计赋予服饰文创产品研发的价值

（1）文化传播价值

服饰文创产品从本质上来看属于文化产品，所以它具有文化产品的特性，而从文化产品特征来看，又包括以下几个方面。

首先，其生产过程需要付出脑力劳动。其次，它们的初衷并不是完全为了获取经济利益，还是为了通过产品的外在形式，向消费者传递象征性信息。[2] 最后，提供这些产品与服务的个人或团体知识产权。因此，文化产品即具备普通商品的性质，又具备着使用价值与收藏价值、经济价值、为消费者带来效用的诸多服务价值，因此，服饰文创产品背后也蕴藏着各类文化的传播价值。

（2）经济发展价值

以博物馆服饰文创产品为例，博物馆作为服务性公共产品，为当地、外地人均带来了诸多经济效益。博物馆在运营与服务的过程中，可能会引起正向的外部性或者溢出效应，例如，博物馆可以为当地社区创造就业的机会，既有利于辐射带动周边旅游业、餐饮及住宿业的发展，又有利于提高当地的人员就业水平，但由于难以以指标量化的形式来精确衡量，因此，外部性带来的经济收益一般不会计入博物馆的整体收益当中。

---

[1] EDWARD T H.The Silent Language[M].New York:Anchor Press,1973.
[2] 何鸿飞. 文化企业价值评估的指标体系探究——基于文化产品和服务视角 [J]. 人文天下，2020（06）：43-48.

(3) 社会意义价值

服饰文创产品向个人或者社会群体传递了文物的信息,首先,文物的外形、色彩、和谐程度及美感这些都是美学的特征,也是文化价值的组成部分。其次,它能够帮助我们更好地理解社会的本质。以此为基础而开发的服饰文创产品提炼了文物的象征意义,因此,其充当着象征意义的储备库、传递者角色,服饰文创的价值体现在促进美学、历史、社会三重标准的进一步确立。

二、服务体验设计及服务触点

(一) 服务体验设计概述

1. 服务体验设计的概念

服务体验设计是一个正在发展的新领域,因此,没有一个普遍认定或者清晰的服务设计语言。尽管共通的语言对服务体验设计思维未来的成长与发展无疑是重要的,但是单一的定义也可能会约束这一发展中的领域。以下是笔者通过文献调研搜集到的不同角度对服务设计的定义。主要分为两大类:学术界和企业界,同时学术界分为机构/协会和学者两类,见表1-2、表1-3、表1-4。

表1-2 机构/协会关于服务体验设计相关定义统计表

机构/协会	定义
国际服务设计联盟 (Sevice Design Network)	以用户体验为重点,追求服务品质核心价值的方法;综合考虑了战略、系统、过程等的接触方式
互动研究实验室 (Interaction Research Lab)	通过现场的体验,使用有形及无形的媒介,创造创意的过程
哥本哈根交互设计研究所 (Copenhagen Institute of Interaction Design)	一个新兴的领域,它把焦点放在创造好的想法上,通过使用无形或有形的媒介获取体验。服务设计作为一种实践,通常是指系统的和流程的设计,旨在为用户提供全方位服务
英国设计委员会 (UK Design Council)	目标是你传递的服务用、易用、高效、有效和满足需要
国际设计研究学会协会 (Internationnal Association of Societies of Design Research)	从用户的角度来讲,包括有用、可用以及好用;从服务提供者来讲,包括有效、高效以及与众不同
国际设计组织 (World Design Organization)	旨在引导创新、促发商业成功及提供更高质量的生活,是一种将策略性解决问题的过程应用于产品、系统、服务以及体验的设计活动

表1-3 学者关于服务体验设计相关定义统计表

学者	定义
莫里兹（Stefan Moritz）	有助于创新或改善/优化现有的服务，对客户来讲，服务会更有用、易用、更满足需求，对组织来讲更高效、更有效
马杰（Birgit Mager）	从客户的角度，旨在确保服务接触点（接口）有用、可用且满足需要，从供应商的角度来看，它旨在确保服务接触点（接口）有效、高效且与众不同
莫里兹（Moritz）	指全面体验服务的设计，以及设计程序与策略进而提供服务
曼奇尼（Ezio Manzini）	强调产品服务系统的设计，强调以无形的服务来部分代替能源物质的消耗

表2-4 企业界关于服务体验设计相关定义统计表

企业界	定义
"同龄人见解"（Peer Insight）	为了服务的革新，将空间、行动、人等有形及无形的服务要素进行排列，并进行评价和验证
"设计思想家"（Design Thinkers）	利用创造性的方法和过程，是对服务提供者和最终用户间相互作用的不断调整
"生活/工作"（Live/Work）	对既定流程和服务开发技能的应用。它是用来提高现有服务和创新服务的创造性的切实可行的方法，它是为了能让用户得到多样的体验，根据时间线设计用户的各种不同的接触点
"引擎服务设计"（Enginc Service Design）	一种帮助发展和提供服务的设计专业领域。服务设计的项目改善了诸如易用性、满意度、忠诚度和有效程度等因素，并渗透到环境、通信、产品等领域，同时把以人为本的理念贯穿始终
"连续性"（Continuum）	借助发展环境、工具和流程的方法为员工提供品牌专有的一流服务
"前线服务设计"（Fronties Service Design）	一个企业综合、全面、移情理解客户需求的方式方法

从以往的概念来看，服务体验设计的概念有一定的共性，可以提炼一些关键词，如跨学科交叉、思维方式、以人为本、体验、流程等。总的来说，服务体验设计是跨领域、跨学科的综合交叉思维方法，强调以用户（利益相关人）为中心的体验、流程、战略、价值创新设计。它是将用户、场景、体验、流程、设计对象等相关元素进行有效的组织和规划到服务中，以提高服务效率、完善服务内容、改善服务流程，从而提高服务品质和用户体验的设计行为活动。

2. 体验设计与产品服务

对产品服务设计与体验设计进行细致分析，其实是有一定区别的，服务设计包含的内容更广，范围更大。而体验设计通常会解决局限于单个产品的问题，或者是服务中单独的"接触点"。体验设计倾向于将"接触点"视为独立的、离散的设计问题，但需要将技能应用到服务水平问题的时候，则进入了服务设计的领域。体验设计和服务设计之间存在模糊界限，其中一个原因是，两者工作目的存在重叠：创造最佳的用户体验。两者用于设计研究的方法也有重叠：访问用户、观察用户，找出他们的需求点，设计交互原型和接触点。然而不同点在于：服务设计还有专用的其他工具。通过这些工具反映了这样一个事实，即服务设计不仅对用户体验的"接触点"等级感兴趣，而且对系统如何全面运行以及提供服务的"全局"感兴趣。

3. 服务体验设计的发展趋势

如今，有许多的公司因提供服务而崛起，也有许多则因为在产品中加入服务与体验而获取极大的成功，例如谷歌提供搜索服务，Fedex 提供网络快递服务，IBM 提供整体服务体系。另外，美国苹果公司创造的颠覆性产品 iPod、iPad、iPhone，再到改变传统商业模式创造商业奇迹的 iTunes，从根本上给世界上大型企业和组织注入了新的创新血液，影响其战略部署与规划。这里的秘诀不仅仅是音乐设备的设计，而是整个音乐"生态圈"——歌手、音乐版权协会的授权，音乐制造商的许可协议，音乐商店的版权管理系统（DRM），通过整个环节改写电子产品和音乐的产业游戏规则，创造了一种全新的音乐商业模式，同时提高了音乐质量，增强了消费者的用户体验。

再看国内，对移动体验时代服务体验设计的深刻洞察成就了马云和阿里集团。和乔布斯对 iPod 服务生态链的理解一样，马云也是从解决人们的衣食住行线上交易的长远眼光来看待移动支付的意义。如今，支付宝已经完全改变了我们的生活方式，不仅是一种具有原创性的无现金社会解决方案，而且成为我国未来建立庞大的社会信用体系的基础。

服务体验设计今后的发展趋势，必然是从以产品为中心转向以服务体验为中心，形成一个完整的服务体系或者说是服务生态圈，并将文化纳入其中，为用户提供信息可视化、服务透明化、易用、高效的优质体验。

4. 服务体验设计的方法与工具

服务体验设计在设计的过程中主要分为三个阶段，分别为探索、创造/再思考与实施。探索阶段主要是设计人员尝试为某个特定的服务探索全新的视角。这可能需要从顾客、职员、管理人员甚至竞争对手的角度考虑问题，以便能为服务体验提供新的见解。创造/再思考阶段主要是将之前的见解具体化为新的创意和概念，并将这些创意和概念进行测试以便进一步改进。实施阶段主要是将全新的或经过改进的服务体验设计移交给机构所有部门，这个阶段意味着创意付诸实践。不同的阶段，按照阶段意图需要不同的方法与工具，具体如下。

每个阶段都有对应的方法，但是每种方法并不只局限于其所在的阶段，可以根据实际情况进行调整。笔者根据不同阶段筛选了一些常用方法进行分析与研究。

（1）利益各方图解

利益各方图解，即对某项服务所涉及的有关各方的视觉或者实体展示。通过这种方式，员工、顾客、合作机构以及其他利益相关方之间复杂的相互关系便可以制成图标并加以分析。

利益各方图解首先要起草一份包含所有利益相关者的清单。这需要大量的访谈材料以及其他案头研究，以便突出服务提供方的利益相关人以及未被提及的隐藏相关人；然后通过草图分析每位利益相关者的利益和动机，并将相互关系绘入图中；再通过分析这些团体的相互链接关系，以及他们的相互作用方式，从而得到一份比较容易理解的综述，既存在的问题以及潜在的改进方式，并将重点加以强调。

在研究的探索阶段通过利益各方图解可以很好地概括各种设计各个利益相关团体的复杂问题，让服务提供方在应对问题和扩展服务的时候能够更有效地配置资源。利益各方图解能将围绕大多数服务的复杂局面具体化，在这些服务中许多参与人对服务的接收和评价都能产生一定影响。一份对利益相关者而言全面而易懂的概述是改善服务体验的必须的前期准备。

如图1-5是一个利益各方图解案例。营销人员与会计人员相互制约，管理者和顾问相互影响，后台员工和供应商直接挂钩。在利益各方图解中，格式可以有很多种，但是都应该指出内部利益相关人和外部利益相关者人，确立他们的影响作用，和他们对整体项目的重要性，同时需要详细指出他们之间的相互关系。

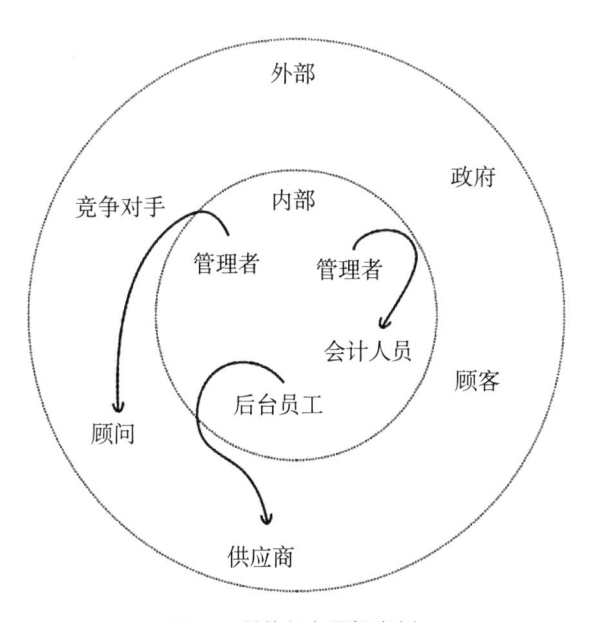

图1-5 利益各方图解案例

（2）情景交流

情景交流是在服务过程中产生利益的背景下发生的。这种人类学的方法能让访谈者观察他们感兴趣的行为并进一步深入调查，基于此有很多衍生，如服务旅行、影子练习等等。

访谈的对象可以是客户、员工，也可以是其他的利益相关者。谈话双方约好地点，尽量选择受访者比较熟悉的环境，轻松的环境能够让受访者更容易敞开心扉，回答的内容能够更接近真实更加私人化，同时在工作的环境场所让受访者能够更快回想和进入深层次探讨。访谈时也可以用一些辅助工具进行记录，以便之后的资料整理与方案的呈现。

情景交流是前期探索阶段，是一个比较细致的调查模式，它可以帮助受访者想起传统的座谈式调查下容易遗漏的特殊细节。大多数人在熟悉的环境下能够更轻松自在地分享自己的观点和见解。再加上情景访谈的访谈者观察资料（行为与肢体表达），还有对周围自然和社会环境的观察了解，能够有助于对该服务产生一个更全面的理解。

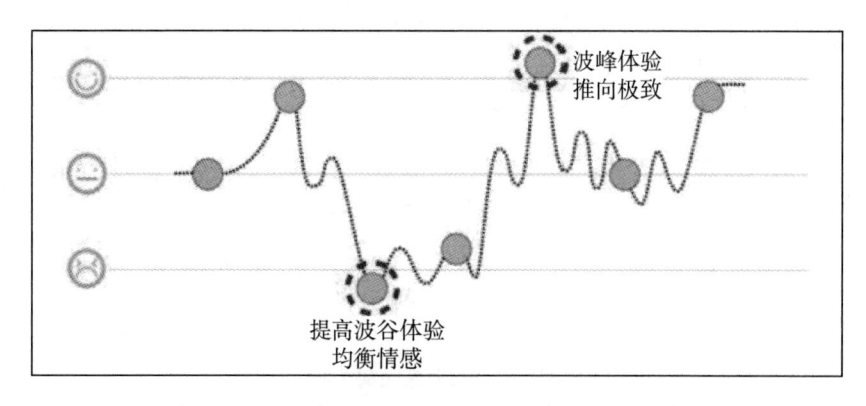

（3）客户体验历程图

客户体验历程图是一幅描绘用户体验的生动而又解构清晰的可视化图形，也是探索阶段一个使用十分广泛的。用户与服务之间相互作用的接触点常常用来构建一段"历程"，用浅显易懂的方式详细描述了他们在服务过程中的互动以及产生的情感。确定用户与服务体验之间相互作用的接触点十分重要，可以通过面对面的交流、网络虚拟交互或实地探访等方式去了解。通过以上方式，搜集整理调查资料，确定接触点，再将整个客户的历程连接在一起，形成一个具体的可视化图解，进而对其中的节点进行丰富，详细描述其中的角色以及与角色相关的行为，形成基于客户提供的材料的客户体验历程图。

从用户的角度构建的客户体验历程图能让它同时记录正式和非正式的接触点。而且，图解建立于客户自己的资料，具有一定的个性化表达，这对激发客户的种种情感有一定的帮助。这种解构分明的图解能够再现不同的服务体验，有利于进行对比，从而识别现有服务体验存在的问题和发现创新方向，如图1-6。

图1-6 客户体验历程图案例

（4）故事板

故事板（如图1-7）是一系列表明事件详细经过的图示或图片。它可能包括服务通常发生的场合或是新服务体验原型的假设实施，在创造/思考阶段广泛使用。

故事板的制作方式多种多样，最常用的是连环画的方式，通过一系列的插画来讲述目前的状况。故事板的作用是让观看者能够迅速了解故事发生的情景，明白故事发生的来龙去脉，从而深入了解其所描绘的用户体验。故事板使用的脚本既可以是真实的也可以是虚构的，真实的脚本偶尔会以照片的形式保存，而非插画。

故事板的作用是将有关用户体验的故事引入到设计过程。故事大体为能够为服务或原型提供一定见解的浓缩体验。通过对特定情景下的服务故事描绘能够充分激发讨论，发现其中潜在的问题和可发掘的机会。在绘制故事板的过程中能够促使设计者从服务使用者的角度去思考问题，同时能够反过来帮助设计者得出结论引用到整个服务体验设计中。

图1-7 故事板案例

（5）服务体验原型

服务体验原型（如图1-8）就是对服务体验过程的模仿。模仿的形式可以是角色扮演形式的对话，也可以是包括几级的用户参与、小道具和真实"接触点"在内的一系列娱乐活动。是创造/再思考阶段的常用工具。

通常情况下，服务体验原型要借助一定的实体模型，让原型模型更加接近真实情况。虽然在复杂程度上服务原型与现实情况有一定的差距，但是对现实生活中碰到的服务问题具有一定模拟效果，并且原型是一个反复的过程，可在过程中不断吸取经验并进行改进。

服务体验原型的功能相较于文字描述和视觉图像呈现有一定的优势，服务体验原型不必局限于工作室或工作坊环境下，这使得原型更加接近现实效果，能够一边"行动"一边测试，为切实的问题提供解决方案。并且，便利的反复测试有助于设计方案的不断检验，以便对产生的新想法和改进意见加以吸收，修改设计方案。

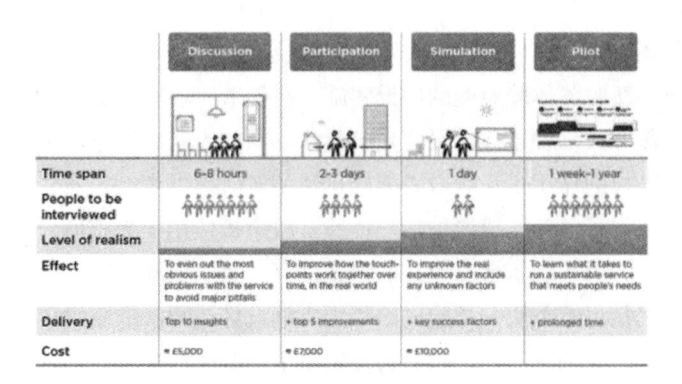

图1-8 服务体验原型案例

（6）服务蓝图

服务蓝图（如图1-9）是一种详细说明服务的每个细节的工具，一般运用于实施阶段。它往往是一幅包含了用户、服务提供者以及其他相关当事人视角的示意图，囊括了从客户联系到幕后制作的所有内容。

服务蓝图在运用的时候需要服务中的各个部门相互联合，需要很强的团队意识去完善蓝图的整个流程，通过共创的模式，建立一份服务提供者自己的现行服务"文件"。并且整个蓝图是需要定期进行维护的，这样才能保证在服务方与被服务方发生变化的时候，服务不会与现实发生偏差。

服务蓝图的作用是系统的，通过描述服务包含的所有细节，服务蓝图能够明确最重要的部分，并展现出重复的部分。同时，以合作的方式完成蓝图的制作，实现各个部门和团队的共创，有助于提高团队能力和协调服务资源配置。

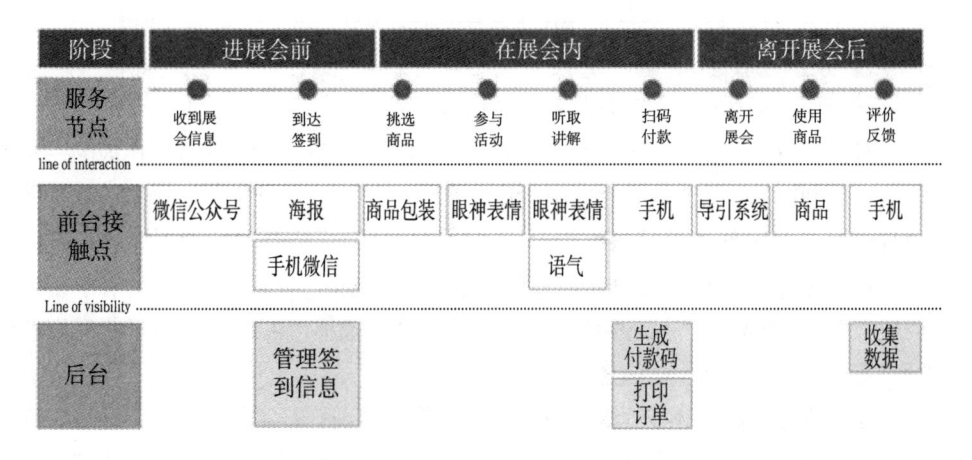

图1-9 服务蓝图案例

（二）服务"接触点"概述

1. "接触点"创新与产品服务体验

任何一种产品，都带有服务"接触点"的属性。"接触点"就是服务体验对象和服务体验提供者在行为上相互接触的地方，如商场的服务前台、手机购物的流程，等等。通过对"接触点"的选取与设计，可以提供给消费者最好的体验。未来将触点和用户行为可视化，2002年，英国设计公司首次提出来客户体验历程图和服务"接触点"的分析方法。客户体验历程图上文已有提及，主要是用以描绘用户行为轨迹的地图，呈现从一点到另一点的目标实现与需求满足的过程。对服务体验流程中的"接触点"进行研究，可以发现用户的消费习惯、消费心理和消费行为。同时，"接触点"不仅是服务环节的关键点，而且也是用户的"痛点"，"接触点"分析往往可以改善服务体验的思路、方案和设想。

2. 服务"接触点"分类

服务"接触点"是服务体验设计中一个很重要的概念，是服务体验设计中很重要的切入点。顾名思义就是事物之间相互接触、衔接的地方，可以是有形的，也可以是无形的。

"接触点"的种类繁多，大体可分为物理"接触点"、数字"接触点"、情感"接触点"、隐形"接触点"和融合"接触点"等。拿生活中的日常事做为举例，小朋友在游乐场玩滑梯、荡秋千属于物理"接触点"，在网吧上网冲浪、电子支付属于数字"接触点"，接受导购员指导、酒店前台服务属于人际接触点。一般来说，"接触点"就是进行该项服务体验流程中各个方面的"接触点"，而各种不同的"接触点"构成了服务体验。服务"接触点"大致分为以下三种。

物理"接触点"指用户在实体有形的服务环境中发生直接性的接触与交互；数字"接触点"是指用户在使用数字设备过程中与网络或界面发生的互动；人际"接触点"是指用户与用户之间发生的互动接触。

三、基于服务蓝图的服饰文创产品体验设计方法与实践

（一）基于服务蓝图的服饰文创产品体验设计方法

1. 服务蓝图与文化体验层

对于购买和使用非物质文化遗产文创产品的用户而言，产品承载的文化意义和文化体验是大于产品本身的用途意义的。文化消费的过程可以将产品的文化内涵自然而深刻地呈现给用户，为用户提供良好的文化体验。中国台北故宫博物院推出的"朕知道了纸胶带"和"乾隆御览之宝纸胶带"，上架一个月内全部售空，甚至出现了有人提价倒卖的情况；北京故宫博物院出品的口红套组，还未上架就已经受到很高的关注度，一上架就一售而空；有意思的是，"故宫淘宝"和"故宫博物院文创旗舰店"这两家故宫认证的官方网店，在同一时间段，上架了不同设计的口红，引发了网民关于两家店"嫡长子""庶

长子"的身份讨论，一时间达到了很高的话题热度。顾客选择购买这些文创产品，是因为产品上承载的文化信息，而不是因为产品本身的基本用途属性。文创产品在满足消费者文化审美需求的同时，也给予其精神上的享受，还会使消费者产生对相关传统文化的认同感。因此文创产品的消费驱动力，很明显落在了产品的文化主题和文化意义上。文化主题作为文创产品的资源库，本身就具有丰富的资源和良好的知名度与美誉度。[①]因此，当今文创设计的重点，应该在如何通过文化主题的表现，传递给用户更多的文化内涵与文化体验上。这就需要利用服务蓝图进行辅助，从而厘清顾客从选择到购买的全过程，找出可切入用户的文化体验点，利用设计进行优化改造。

服务蓝图中的体验点，是指顾客在从选购到确认收货的全过程中，对产品承载信息有体验感的环节。对文创产品而言，就是能让顾客从获取文化到选购到确认收货使用的全过程中，体验到文创产品所承载的文化信息的节点。通过构建服务蓝图，设计师可以在前台层与顾客层之间寻找可以切入的文化体验点，在此体验点上，设计用户可以通过五感进行文化体验的交互行为，最大化地赋予一件文创产品文化体验价值。文化体验点一般出现在外部相互作用线上，即顾客层与前台层之间，能够直接服务到顾客，见图1-10。

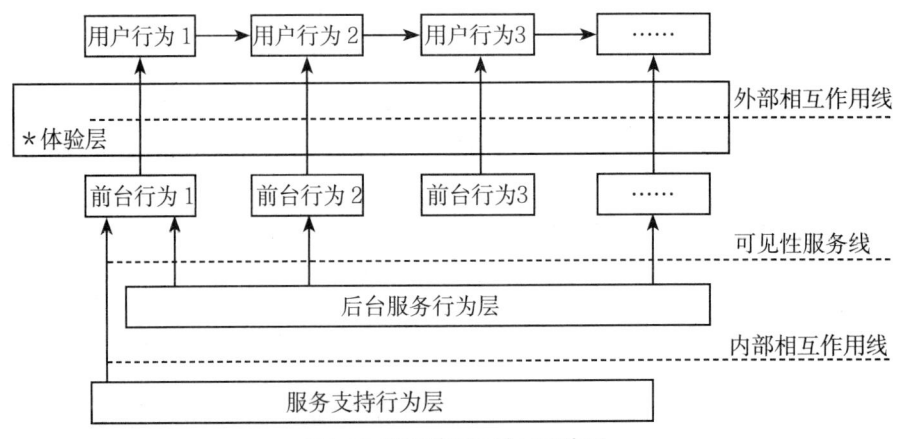

图1-10 服务蓝图体验层示意图

2. 服务蓝图与用户体验设计人机系统模型

文创产品体验设计的研究重点在于厘清用户接触文化的流程，并在此流程中有效定位输入文化体验的点，从而进行设计。在用户体验设计人机系统模型的闭环中，运用服务蓝图进行分析连接，可以有效利用服务蓝图，并基于用户、服务用户、直接作用于用户等优势特点，将设计师的职能置于后台服务行为层，文化环境的职能置于前台行为层，构建出一个方便提取文化体验设计点的分析环境。在用户体验设计人机系统模型中定义

[①] 克雷格·M.沃格尔，乔纳森·卡根博士. 创新设计：如何打造赢得用户产品、服务与商业模式[M]. 吴卓浩，郑佳朋，译，北京：电子工业出版社，2014：16.

人、产品和环境,"人"即文创产品的购买者、使用者,或是对文化感兴趣的人群,在此统称为"用户";"产品"指的是文创产品,即经过设计处理、进行文化糅合、符合新时代审美的现代化产品,包括实体产品和互联网产品;"环境"就是用户在这一流程中接触到的文化环境,包括前期初接触文化、中期了解文化、后期购买使用文创产品这3个主要环境,形式可表现在文化公众号、文化网站等载体中。运用服务蓝图建立起用户、文创产品和文化环境的联系,有助于帮助设计者寻找、定义用户对于文创产品与文化环境的体验节点,并可以进一步确认出前台层和后台层应该完善的工作内容,最大化提升用户的文化体验。基于服务蓝图的用户体验设计人机系统模型见图1-11。

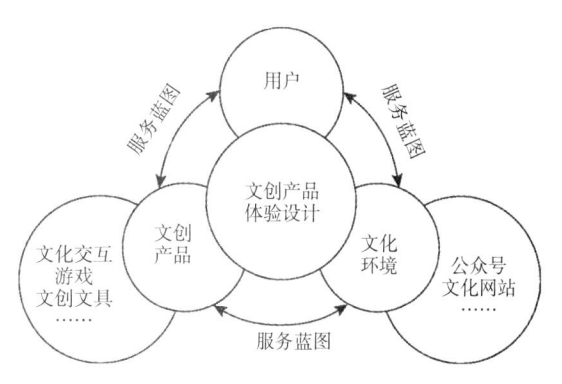

图1-11 基于服务蓝图的用户体验设计人机系统模型

在基于服务蓝图的用户体验设计人机系统模型中,置于前台行为层的文化环境起到了联结文创产品体验的关键作用,表现为用户可以在文化环境中感知文化形态、接收文化内涵、尽可能多地了解文创产品背后的文化架构。本书将以文化环境作为重点设计对象,以文化网站为载体来完成用户体验设计。

3. 基于服务蓝图的用户体验设计步骤

在服务蓝图的层级关系里,设计者往往扮演的是后台服务的角色。服务蓝图的构建,可以使后台层的设计者深入用户层,切身提取用户与服务提供者紧密接触的关键点,再通过前台服务层的联结,打通后台服务层以理解用户的渠道,以便更好地用设计来服务客户。在开始设计前,设计师可以先定义服务场景,确认场景中的用户;再利用服务蓝图列出用户流程,基于用户行为寻找用户的体验点,分析体验内容;接着进一步根据产品的属性和产品承载的信息来设计体验的内容,最后输出一套完整的、基于体验进行优化的服务流程。基于服务蓝图优化用户体验的设计步骤见图1-12。

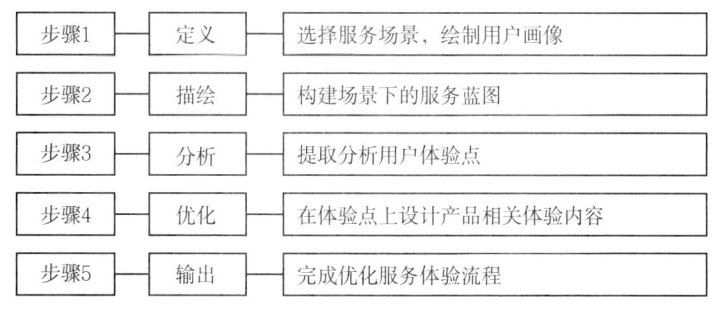

步骤1	定义	选择服务场景,绘制用户画像
步骤2	描绘	构建场景下的服务蓝图
步骤3	分析	提取分析用户体验点
步骤4	优化	在体验点上设计产品相关体验内容
步骤5	输出	完成优化服务体验流程

图1-12 基于服务蓝图优化用户体验的设计步骤

(二)设计实践

1. 土家织锦文创产品服务蓝图构建

地域传统文化是一种具有代表性的文化资源。土家织锦又称"西兰卡普",分布于湘西地区土家族聚集地,被认为是土家族的视觉符号,融合了土家人的审美观念、生活习惯、文化习俗、宗教信仰等文化特征,具有土家族独特的民族风格[①]。笔者从文创产品服务出发,以土家织锦文化体验设计为例进行设计验证。对文创产品而言的服务蓝图构建,须秉持顾客文化体验为核心的理念,并在体验层定义可设计的体验点。构建用户画像模型有助于更好地理解用户需求,实现个性化、精准化的信息服务,笔者选择了土家织锦文创产品网络销售场景,选择合适的用户样本,绘制用户画像,跟踪顾客行径,构建其网络销售服务蓝图。用户画像信息搜集见表1-5,文创产品网络销售服务蓝图构见图1-13。

表1-5 用户画像信息搜集表

	性别	职业	是否购买过土家织锦文创产品	备注
用户A	女	大学生	是	在网上购买过土家织锦鼠标垫,购买后有继续使用产品
用户B	男	人力资源管理	是	在湘西旅游时织锦挂毯,闲置了
用户C	男	工程师	否	在网上看到过公众号介绍土家织锦,没深入了解过
用户D	女	设计师	否	会关注土家织锦等其他文创市场的信息,但未购买过
用户E	女	自由职业者	是	故宫文创产品的忠实粉丝,买过一些织锦挂饰

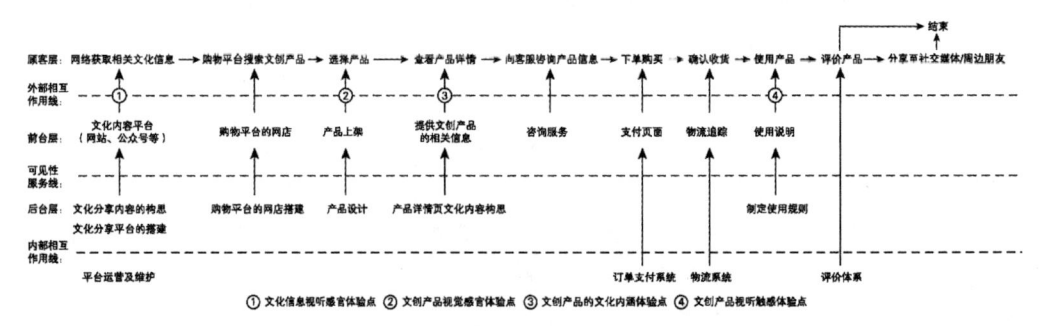

图1-13 文创产品网络销售服务蓝图构建示意图

从顾客层与前台服务层接触的外部相互作用线上寻找体验点,并定义可以从顾客五感体验输入文化信息的关键体验点。本书定义了如下4个体验点。

体验点①:文化信息视听感官体验点。用户从媒体中获取初步的文化信息,如网站和公众号平台、微博平台等,多数信息为土家织锦的纹样、纪录片、推文等形式。这一体验点的文化信息,聚集在视觉信息和听觉信息上。

---

① 王思策,蒋兴花,苏晓. 土家织锦在文创产品中的设计方法研究[J]. 戏剧之家,2019(34):243.

体验点②：文创产品视觉感官体验点。这是用户初次接触文创产品，并且是选择是否进行下一步了解的决策体验点。在从琳琅满目的土家织锦文创产品中进行选择时，用户会更多地去根据哪件产品更有"眼缘"而进行选择。用户A直白地说："好看的皮囊是我判断有无可能购买的唯一标准。"

体验点③：文创产品的文化内涵体验点。到达这一体验点，用户会进一步地从文创产品的商品详情页获得更多的信息，如产品的功能属性、设计时隐含的文化信息、代表的文化要素等内容。从"商品详情"里，用户能够更多维度地了解到文创产品的文化内涵信息，形成对该文化更直观、全面的认知印象。

体验点④：文创产品视听触感体验点。用户在这一体验点已经接触到了产品实体，可以从多种感官全面体验文创产品。来到这一点的用户已经从前3个体验点对文化有了初步的了解和体验。这一点的文化体验更多地聚焦在产品本身上，可以通过产品、产品包装、产品使用方式传达给用户直观的文化信息。

2. 土家织锦文创产品文化体验点设计

下文以土家织锦文化为例，以网站为服务平台，探索基于文化体验的服务设计流程。土家织锦文创网站架构见图1-14。

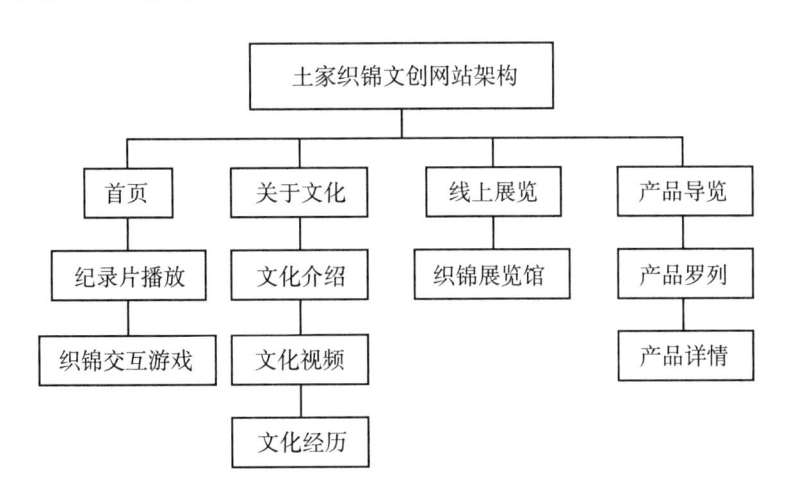

图1-14 土家织锦文创网站架构图

通过上文对服务蓝图内用户体验点的分析，结合网站架构，需要设计的相关体验内容可确定如下。

体验点①：文化信息视听感官体验点——首页信息层。区别于大部分文化网站附以的大段的文字介绍，首页信息层应把想要传递的文化信息内容进行信息可视化和信息可听化的体验设计。土家织锦文创产品提供者需要在这里设计可以基于视听感知传达文化信息的内容，如对土家织锦文化背景的介绍、土家织锦的技艺视频等内容，或是简单的机杼声配以横纵织法的交互动作，从而激起观者对文化的共情心理，体验点①的层级网站设计见图1-15。

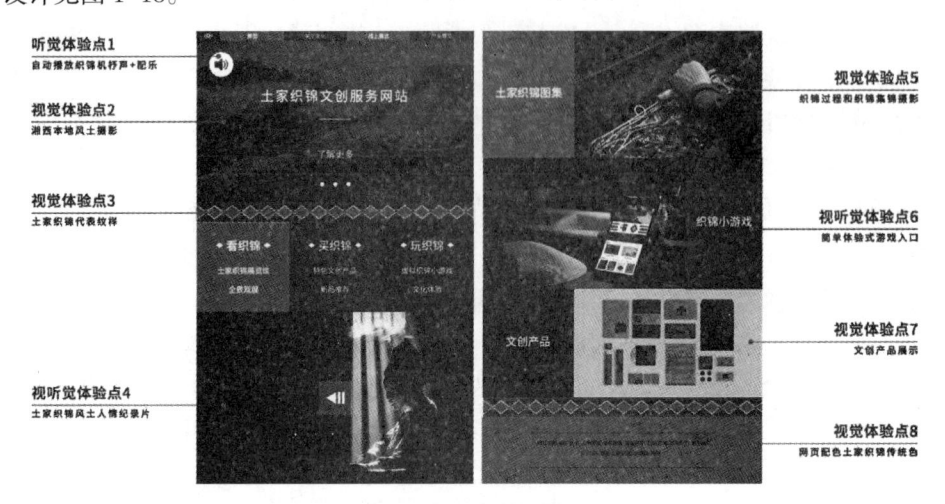

图1-15 体验点①的层级网站设计图

体验点②：文创产品视觉感官体验点——产品罗列层。这是产品"全家"集合的视觉展示部分。大量饱和度高的颜色、民族感浓重的图片堆叠，可以给予观者强烈的视觉冲击，加强视觉信息接受层面的最大化体验。文创产品的体验设计，不能遵循极简、冷淡的高级感风格，而是要运用文化、民族的色彩和纹样等视觉优势，直观地给予受众关于文化内容的最大化观感。可以通过铺开大量具有视觉冲击感的民族特色图片，包括但不限于产品主图。可以大胆运用浓烈的土家族民族色彩，重现织锦色彩厚重、丰富的特征，再辅以传统土家织锦几何感的纹样式样进行表现。运用土家织锦视觉上的特点，把握好视觉输出力度，从而加强用户在这一点的文化视觉体验。体验点②的层级网站设计见图1-16。

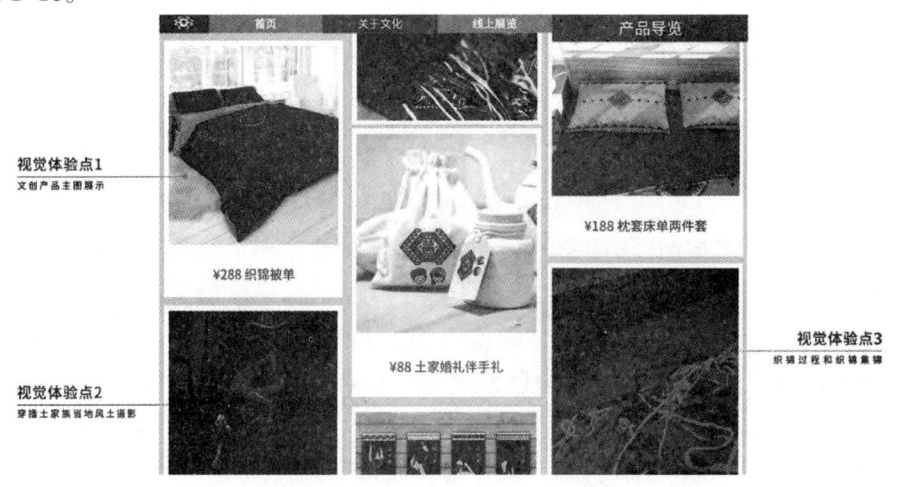

图1-16 体验点②的层级网站设计图

体验点③：文创产品的文化内涵体验点——产品详情层。在这一体验点文化体验的载体在于实体文创产品的商品详情页。文创产品的产品详情页，区别于其他的电商产品详情页，需要加强用户对于文化感知的视觉印象，包括产品设计的灵感来源、文化符号的溯源、传统纹样色彩介绍等文化信息内容。可进行的设计内容有：介绍产品的短视频、产品图（各个角度视图、场景图等）、民族文化背景图等。这一点的设计重点在于怎样通过图文信息传递出产品承载的文化信息，信息可视化的设计手法在此尤为重要。在这一点需要通过信息可视化处理文创产品背后的文化设计逻辑，尤其是文化表达这一方面的内容。体验点③的层级网站设计见图1-17。

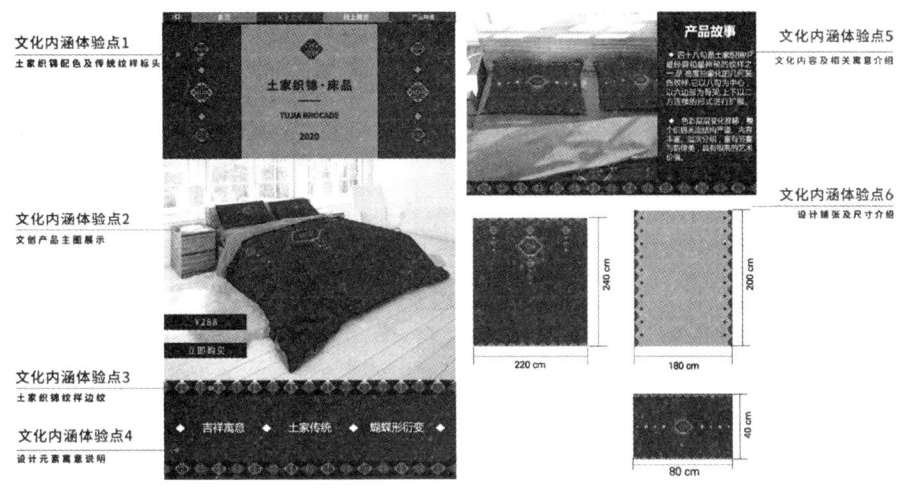

图1-17 体验点③的层级网站设计图

体验点④：文创产品视听触感体验点。这一点的设计内容交给文创产品设计来完成。在经过前3个体验点的潜移默化后，用户拿到文创产品时会更了解产品蕴含的文化内容和文化寓意，而不是停留在产品层面上的功能体验。本书研究的体验设计的重点在于怎样优化用户在整个流程中的体验感，最终的产品只定义为最后一个服务客户的体验点。体验点④的实景图见图1-18。

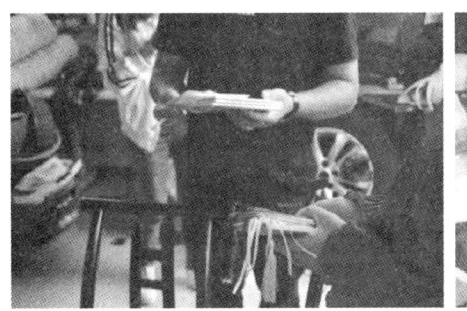

图1-18 体验点④的实景图

25

第二章 汉服文化在文创产品中的开发应用与服务设计

汉服作为一种具有独立风格的民族服饰体系，它区别于世界上其他任何一个民族的传统服饰，并与它们有着质的不同。汉族服饰文化博大精深，历史悠久，所跨地域范围广，并在不断的创新与融合中发展演变，从而成为一个庞大的服饰体系。当代汉服经过近十几年的复兴发展，从鲜为人知到产业化和规模化，已经成为我国服装工业的重要推动产业之一，尤其是在近几年内通过对汉服服饰的创新设计实现了产值的迅速增长，整体行业的市场活力十足，汉服及汉服相关产品的市场规模和潜力巨大。汉服作为一种服装，其最核心的部分在于设计，而汉服服饰纹样即为设计的重要对象之一，其设计的创新发展是近年来产业发展的重要推动力与核心竞争力。因此，笔者基于汉服文化，分析其审美意蕴，包括制式、色彩、纹样、配饰，再对其进行汉服元素的分析、归纳、提炼、借鉴，进而融入到文创产品设计中，提出关于研发汉服文化创意产品的几点策略和建议。

一、汉服文化概述

（一）汉服的起源与文化内涵

1. 汉服的起源

汉服的起源可以追溯到几千年前。那时的社会产力非常落后，人们身上毫无衣物的形态，只是用简单的树叶遮住身体的关键部位，没有任何多余的服饰款式与装饰，之后随着生活方式的改变，慢慢的开始用动物的皮毛制作一些简单的衣物和装饰。这是人类最古老、最原始和最初的服饰意识，正如《庄子》所言："古者民不知衣服。"后来社会的生产力不断向前发展，人们发明创造了丝织工艺和养蚕业，因此，人类的服饰开始逐渐走向系统化和完整化。"汉服"一词的最早出处在《汉书》中："后数来朝贺，乐汉衣服制度。"汉服始于黄帝，备于尧舜，源自黄帝冕服，定型于夏、商两代，并且通过"四书五经"的规制逐渐形成完备的冠服体系，中国的服饰制度也逐渐形成并完善。因此后来各个朝代都按照周法以继承汉衣冠为国家大事，于是有了"二十四史"中的《舆服志》。

华夏文化是以服饰为中心，通过历代汉人王朝推崇周礼、象天法地而形成千年不变的礼仪衣冠体系。[1] 渐渐地，随着时代不断的推进和历代的传承，汉族的服饰系统在日常生活中的地位越来越根深蒂固，汉服的特色也开始被人们传播。《周礼》中就包括一套完整的服饰穿着的制度，规定了上自天子朝臣，下到普通生活的百姓，都必须遵守规定好的服饰礼仪制度。服饰制度被人们所崇尚的儒家文化传播，逐渐形成了汉服的形制与制度，服饰形制最终成为中国古代礼制的重要内容之一，并构成了汉服文化的主要精神内涵。如今的汉服代指清朝之前，以交领、右衽、系带为主要特征。随着历史的发展，汉服的文化内涵越发丰富，开始成为华夏民族的文化符号，不仅代表中华民族的传统服饰，也是民族意识与民族文化的直接体现。

2. 汉服的文化内涵

服饰是体现人类文明进程非常重要的组成部分，也隶属于民族文化的一部分，任何一个民族或一个朝代的文化演进都与服饰有着紧密联系。拥有五千年文明史的中国拥有独特的文化内涵，服饰的内涵能影响人类的思想意识和行为准则，影响到人们生活的各个方面，服饰也逐渐演变形成为一种文化的象征。服饰文化就像是一个有节奏的生命，创造出每个时代独有的特色，清晰、明确地反映着人类历史长河的文明进程。中国古代的服饰具有它独特的风格和特色，服饰的文化史既是中华物质文化的创造发明史，又是对中国精神文化的物化体现。服饰文化使天地与人类能够和谐共存，注重礼仪与等级的意识观念，是人与自然、物质与精神、实用与审美多角度的统一。衣冠服饰作为一种文化符号，承载着鲜明的等级特性、民族特性、时代特性与文化内涵的发展。

（1）制度文化——"民族符号"

中国服饰在古代作为国家制度的象征，是由国家政令规定的服饰形制，等级森严，条例清晰。服饰的作用是能够别上下、辨亲疏，贵贱有差，服饰有别，上自天子，下自百姓都遵照服饰规定的礼法制度穿衣打扮。统治阶级的服饰礼仪更加规范，并且普通庶民无法僭越。如《后汉书·舆服志下》载："冠旒冕，衣裳玄上纁下，乘舆备文，日月星辰十二章。"对天子常服、礼服做出了详细的规定，服饰有着非常明显的阶级色彩，用以区别贵贱尊卑。服装的材质、色彩、款式、纹样都有一套严格的规范体系。服饰制度的规范化首先可以帮助统治者巩固他们的权力，并且能够起到维护封建礼仪、稳定当时的社会秩序的作用。

汉族几千年的穿衣方式和风俗随着周代仪礼制度的不断巩固和完善，加上历史的发展与社会的变迁都在不断增加服饰的影响力。国家与民族政权的确立，统治者们为了更好地建立自己的统治和维护形象与威仪，将服饰制度编入国家制度，建立起一整套巩固政治权威、强化社会秩序、顺应天道命理、合乎"礼"法制度的着装方式。在周朝，统治者不仅颁布了服饰的规章制度，并且有专门的"司服"职位，主要职能就是监督和管

---

[1] 刘安琳. 华夏有衣，襟带天地——浅析汉衣冠审美文化沿革[J]. 山东广播电视大学学报，2014（02）：72-74.

理服饰制度的实施，使服饰制度的运行更加规范化，同时也会根据不同场合的需要，按服饰规定给统治者和官员们安排符合礼仪的服饰。无论是位高权重的天子，还是普通生活的庶民，都必须依据规定的服饰制度选择服装款式。不同的身份、地位、场合的穿衣方式都有要求，这样的制度体系很容易就形成了一种以王公贵族为代表的至上而下的穿衣模式。春秋战国之际，奴隶制度逐渐瓦解，封建社开始慢慢形成，社会的等级被划分得更为明显，统治者为顺应政治的需要将"礼"制强化，人们所穿着的服饰必须符合他的社会地位，因此从服饰上就可以明晰等级关系，基本能达到"见其服而知贵贱，望其章而知其势"（西汉·贾谊《新书·服疑》）。

这种分尊卑、别贵贱、辨亲疏的服饰制度模式，只有在汉族服饰体系中才会看到，在世界其他民族中很少有这样明显的区分上下级关系的服饰制度，这一模式也成为了中国服装历史上最独特的服装式样。周代服饰制度完善之后，历朝历代都会参考周代所建立的服饰体系，每个朝代的统治者对服饰都有非常清晰的规定，为汉服的传承、挖掘与传播起到了一定的作用。汉服现在所代表的不是简单的中华民族的服饰，也并不是古代的服饰体系，而是代表着民族文化与民族精神的符号。

（2）形制文化——"审美象征"

汉服最基本的形制有两种款式：一种是上衣和下装分开——上衣下裳的服装式样（图2-1）。还有一种就是上衣和下裳是一体的，也叫做"深衣"，产生于春秋战国时期（图2-2）。这两种服饰款式是汉服的主要表现形式。汉族最基本的特征一直以来都没有很大的改变，右衽、大袖、服饰宽松，系带在隐秘的位置，整个服装的结构非常自然流畅、舒适和随意。上衣下裳制和衣裳连属的服装款式一直被各个朝代沿用，基本没有什么大的改动。

图2-1 汉服传统的上衣下裳　　图2-2 汉服传统的上下连体

从整体设计上看，服饰宽大、造型简单，主要是以直的线条为主。无论是男装还是女装，在外形上都以宽松、平面为主，穿着舒适自由，但是无论是哪一种形式，都是按照"天人合一"的思想观念，尤其是在统治阶级的服饰上表现得更加明显。

天子所穿的冕服，一直以来都是上衣下裳的形式，上为玄衣，象征未明之天；下为𫄸裳，象征黄昏之地、上天下地、上阳下阴、衣尊裳卑。图2-3）这种款式制度在中国古代帝王服饰当中一直沿用，唐代为了达到上衣下裳的效果，把袍服的膝盖下方剪开一

图2-3 天子冕服

道，以达到传统的上衣下裳的式样。古代服饰强调人与自然的整体和谐，并试图通过色彩、纹饰等服饰元素在人与自然间建立相对应的联系，以达到天人感应的境界。传统服饰追求外在的形象与内在精神一致，形式之"美"与内容之"善"协调统一，使得中国传统服饰不仅具有珠玉璀璨、文采缤纷的外在之美，还具有表德劝善、以文载道的深厚文化内涵。就服饰演变规律而言，受农耕文化祖先崇拜信仰的影响，中国古代服饰文化具有尊经崇古、以古为尚的特点。周代的服饰礼仪被历代封建政权视为服饰制服的理想模式，因此，尽管中国古代服饰文明久远，但是历代的统治者们大多是在沿袭前朝服饰形制的基础上略有补充或删减。

（3）思想文化——"精神归属"

服饰能够表达人们的思想观念。从古至今，中国传统的审美倾向都是略微含蓄地表达出来的，展现在服饰上是空灵、意境之美。服饰同时还需要体现穿着者的身份与地位，在这样思想观念之下，汉服形成了自己独有的特色。传统儒家道德体系的思想一直是被人们追捧的，汉服的形式很多源于中国传统哲学的思维，它是人们表达文化内涵的载体。汉服形制上的设计也离不开传统文化的熏陶的，例如延续至今的"上衣下裳"款式，其实是具有"天人合一"这一哲学意思；上下衣服相连的样式中，上衣色采用纯色，下衣则用间色，暗合"天地玄黄"。宽袍大袖则与传统文化中的典雅庄重、飘逸灵动的审美追求相符合。[①] 春秋战国时期由于社会关系的变动、私有制的发展使固有的礼乐之制被打破，解放了人们思想，激发了社会民众极大的创造力，导致出现了许多不同学派的文人雅士，他们只认同自己的思想观念，形成了"百家争鸣"的局面，因此对服饰的见解也完全不同，各学派只认可自己的理论观点。服饰不仅成为人们彰显身份的标尺，也是许多思想家、哲学家们展现其想法的工具，所以，汉服的形制特点深受传统思想所影响，这样思维理念决定了汉服的形制的产生。

汉族的传统文化有异于其他民族的文化，这与儒家礼仪思想是分不开的。儒家思想把社会的秩序和理论道德作为至高无上的准则，以"仁礼"为中心，将服饰作为等级制度的象征。中国传统服饰的形制和审美艺术都有别于西方，追溯其思想的根源就是中国思想意识影响最久的儒家思想，其中礼仪思想又具有崇高的地位。《老子》说："人法地、地法天、天法道、道法自然。"这种思想是由人们构建出来的，达到"天人合一""君权神授"的思想境界，同时也使汉族文化源远流长，这也逐渐发展成为中国不可或缺的

---

① 马胜亮. "服"以载道——汉服的文化内涵研究 [D]. 长沙：湖南工业大学，2014：14.

思想体系。

这样的思维方式和文化观念在社会中随处可见，人们在服饰上表达了自己的思想观念，将内在精神文化体现在服饰形制上。汉服能够一直流传至今，离不开中国传统文化思想的驱动。它与众不同的穿着风格、形制、穿衣的方式、色彩、服饰的纹样等，处处都体现着中华民族的传统文化内涵，在这样强大思想的引导下汉服的形制完全受到传统思维模式的影响。也可以认为汉服完美的体现出传统的思想观念，服饰文化形式是民族文明的载体，如果没有符合的形式去表达，内在精神也会就失去了承载之物。

（4）礼仪文化——"衣冠上国"

一直以来中国就是礼仪之邦，而服饰作为华夏民族的重要组成部分，更是处处体现着礼仪至上，讲究一切都要符合礼仪制度。如果违背了这个原则，即使再精美的华服都是不被认可的。汉服被认为是华夏民族特有的服饰形制，它所代表的含义是汉族传统的礼仪形成的过程与发展的轨迹。汉服体现中国的礼仪，也是体现汉族礼仪文化不可缺少的部分，《左传正义·定公十年》记载："中国有礼仪之大，故称夏；有章服之美，谓之华。"中国是"衣冠上国"，而"衣冠"就是我们表达文明礼仪最好的方式。汉服具有审美、象征与礼法的内在属性，指向华夏社会审美心态，而衣冠又是礼学的重要组成部分。

中国古代统治者非常崇尚儒家的礼仪文化，历代统治者也强烈推崇礼仪文化在服饰中的作用，它能起到辨美威、别贵贱、明等第的重要手段。《易·系辞》载："黄帝、尧、舜垂衣服而治天下。"很明显，从很早开始统治阶级就通过服饰的礼仪制度和文化思想来治理国家，古代人们所穿的服饰被严格的纲常所约束，举手投足之间必须要考虑是否合乎礼节。受到服饰制度的约束，以至于无论是审美体系、思想观念、还是穿着合体等方面，都要受礼仪制度的影响。在政权更替时，统治者会依据前朝制度建立新的服饰制度，使它更符合当时的社会发展形势以及政治理念，但是服饰内涵上都是相似，主要体现服饰的"礼"。人们对美的标准首先就是服饰是否符合礼仪的规范，如果违背礼仪制度，服饰就会被认为是不合时宜的，也会被人嫌弃。中国历史中有不少人因没有遵守"礼"的规范而被惩罚。

《周易·履卦·象传》中有："上天下泽，履，君子以辨上下，定民志。"可以看出"礼"是统治阶级用来分尊卑的准则，同时也影响着人们的思想观念。以"礼"作为最基本也最重要的民族共识，逐渐变成中国传统文化不可缺少的部分。中国传统思想影响服饰形式的变化，汉服的内涵与外在的形制与传统的思想息息相关。《左传·昭公九年》中有："服以旌礼，礼以行事，事有其物，物有其容。"可以看出服饰是能够表现人们身份，以及穿衣是否符合礼仪的重要标志。"礼"是中国古代社会理念的核心，"礼"产生的本意是为了敬奉神，但是在经过一段时间之后，人们发现对"礼"的作用更是不可忽视——"礼"是在人的作用下行驶的，于是，"礼"被引入了国家的政治，纳入了社会的生活范畴,故《礼记·经解》曰:"安上之国,莫善于礼。"衣食住行是能被国家的政治规范化的,使其走向礼制化与文明化。

(二)汉服文化的商业价值开发

查尔斯·兰蒂(Charles Landry)将经济学中"价值生产链分析法"(Value Production Chain Analysis)引入对文化产业,并对其做出解释,他提出了文化产业的五个阶段[①]如下。

创意的形成:这表现了创造性过程本身。从知识产权的角度看,创造性过程必然是与专利、版权和商标联系在一起的。

从创意到形成产品:那些推动生产过程的角色——经理、生产商、编辑、设备供应商、电影和照片实验室、技师等。

流通:文化产品如何被传播——代理商、发行人及各种参与促进流通的中间人。

发送机构:发行的结构因素——剧院、电影院、书店、音乐厅、电视频道、博物馆、杂志。

最终消费者的接受:批评家的角色、市场营销和公开行业。

从最初的创意和文化概念到最终成为商品被消费,这是一个复杂的过程。查尔斯·兰蒂所描述的五个阶段包含了一般性文化产业的价值生产链模式。在这个过程中,每个阶段相关的产业都有着不可替代的作用,而且在被赋予了价值,在文化产品生产的每一个环节中,都体现了价值的增值。

汉服文化的发展已有十年的时间,在这个过程中,已经形成了以汉服为中心的产业。除此之外,因为汉服文化的带动,与之相关的产业和领域也与汉服发生关联,并试图从汉服文化中吸收有利于其产业发展的因素。在汉服文化成为文化消费产品的过程中,查尔斯·兰蒂描述的五个阶段同样适用于汉服文化与之相关的产业,但"汉服文化"作为以其为中心的文化产业链的中心位置,尤其特殊的存在价值和判定方式,因此在其生产链中汉服文化被看做是第一阶段。此外,汉服文化产业的生产链在"流通"和"发布机构"环节在很多情况下没有明显的区分,合并为"分销"。在汉服文化的商业价值开发中包括了以下五个环节(如图2-4所示)。

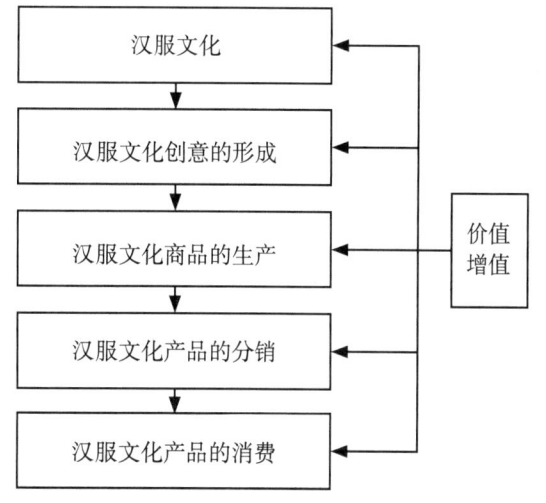

图2-4 汉服文化商业价值开发模式

---

① 詹一虹. 文化产业管理概论[M]. 北京:中华书局,2017:15.

图 2-4 是汉服文化的产业链模式图，是从汉服文化到最终消费产品的一般性过程，并且这其中的每一个阶段和环节都包含了价值的增值。以下是汉服文化商业价值开发的基本模式，以及每个阶段的主要内容和特点。

1. 汉服文化

汉服文化是汉服产业最顶端和最核心的部分，包含了中国几千年的文化累积。在现代，汉服文化更倾向于是一个文化考据和开发的过程。在这个领域中，人文的因素高于商业经济因素，其中更涉及众多人文领域，包括历史、政治、宗教、哲学，等等。汉服文化发展的驱动力可以从以下三个层面来看待。

（1）宏观层面上

历史、政治、哲学等这些学科的发展为汉服文化的发展提供了源动力，尤其是历史文献资料的记载和考古学上的突破，是汉服文化产生最核心的来源。而政治上的发展为汉服文化的兴起和发展提供了相对宽松的环境，并且对汉服文化的发展有着"一招定乾坤"的影响。历史观和社会价值观的塑造和改善也是汉服文化能否发展的重要因素。

（2）中观层面上

汉服具有"意见领袖"的作用。汉服文化发端于网络，是 21 世纪中国传统文化复兴和民族主义思潮影响下的产物，直接源于网络汉族民族主义的激烈辩论中。这是一场彻底的民间自发运动，在精神和理论层面上，其主要的领导力量来自分布在民间的"意见领袖"和组织：他们定义汉服，传播与汉服相关的文化思想，他们的思想和主张为汉服文化提供了理论基础。在物质和实践层面上，一些从事汉服及其历史文化研究的个人和研究组织（包括一些商家）是汉服发展的主要动力，他们的研究就是挖掘汉服的价值，其研究成果不断地拓展着现代汉服文化的边界。

（3）微观层面上

汉服爱好者的力量。汉服爱好者们是汉服文化传播最重要的推动力。在当今网络通信发达的时代，受众的地位不再仅仅是接收信息，客户端的巨大拥有量和互联网的传播模式，使得受众在接收信息的同事也都成为信息的传播者。拥有众多拥护者的汉服文化同时拥有了诸多的文化传播使者。汉服爱好者们任何的线上和线下行为，都成为汉服文化传播中的一部分。与此同时，汉服爱好者和普通受众对汉服的消费需求直接影响汉服文化发展的方向。

2. 汉服文化创意的形成

这是一个创造性的过程，是把现有的汉服文化转化为具有商业价值创意概念的过程。这个阶段是汉服文化产业化过程中的初始环节，在这个阶段中商业因素已经开始融合进来，汉服文化产品是否能够打入市场并且获得成功，首先取决于这个阶段。

这一阶段创新创意的运用尤为重要。众所周知，随着我国经济的增长，人们生活水平的提高，对于精神文化的消费需求也越来越高，如何在广阔的文化消费市场中占得先机，除了汉服文化兴起以来所带动的汉服服装生产业，更有许多行业都尝试通过汉服文化和元素来试图获得市场份额。

在创意产生的过程中，政治环境、产业环境、科学技术水准、从业者的专业素养等方面成为影响文化创意形成的因素。同时，在这一阶段中包含了文化产业一般性的专利、版权、商标等。汉服文化包含了很多历史和文化的通识性内容，历史和文化没有版权，是全人类共同所有，但对传统文化的研究和挖掘所得到的研究成果应该存在版权问题，因此在商用的过程中，就汉服文化研究成果的版权问题经常产生异议。

3. 汉服文化产品的生产

从概念的形成到产品的生产是一个内容创作和物化的过程，在社会分工的大时代背景下，一般性产品的生产过程都是一个社会分工合作的产物，文化类产品也遵循这个规律。因此，汉服文化的产品生产过程，必然使许多相关产业参与进来，为文化产品的生产提供必要的生产输入和基建环境等支持产业。在这些支持产业中，大致分为两类，一是文化生产服务类产业，二是物质生产加工类产业。

（1）文化生产服务

传统意义上的文化生产大多是出于道德意义、社会意义、公共管理的构建。当今社会，文化的功能除了具有社会价值，同时其经济价值也被越来越多地开发出来。尤其是第三次工业革命之后，第三产业的发展使得一大批文化生产服务类的产业迅速崛起，例如服装设计、艺术设计、动漫产业、广告营销、编辑出版、管理咨询。这些文化产业在汉服文化发展商业化的过程中都起到了相应的作用。

（2）物质资料生产

在汉服文化的商品化过程中，与文化生产服务相对应的是物质资料的生产，二者共同参与完成文化产品的生产。物质资料生产包括了基建环境、生产设备、制造工艺、材料采购等方面。

在汉服文化产品的生产过程中，物质资料同样也包括了基础建设、生产设备、服装原料材料、制造工艺等，这个过程的生产也决定了汉服产品最终的呈现效果。在现实生活中由于生产商、加工商的素质良莠不齐，造成了汉服产品品质参差不齐。

4. 汉服文化产品的分销

在查尔斯·兰蒂的"价值生产链分析法"中，"流通"和"发送机构"是两个不同的生产链阶段。汉服文化相关的产品在市场运作的过程中，出现流通环节与销售环节相重合的情况不足为奇。笔者认为这两者可以合并为一个阶段，即文化产品在市场的流通和销售阶段。在商品竞争如此激烈的今天，推出的产品是否能够在市场上获得成功，营销手段、发布和发售平台的考虑至关重要。

目前，汉服文化产品在市场宣传中，主要利用汉服文化的历史传统、民族意识的调性来传播。此外，汉服文化对于中国主流社会文化来说，还是比较新鲜的亚文化，主流媒体和社会大众对汉服文化的存在多为猎奇心态。在已有的商业案例中，就有许多利用猎奇心态来进行传播的案例，这些猎奇的手段多出现在景区宣传和地方性节事活动上。

汉服文化产品在市场流转中代理商和中间人的存在方式并不十分凸显，对于汉服服装产业来说，其产业规模还尚未达到代理商大量存在的级别，但生产环节中的中间商环节还是大量存在的。

汉服产品的发布平台和销售终端以网络为主。在汉服产品的市场化过程中，淘宝网等购物网站起到了非常重要的作用，特别是在初期，在大家对汉服还处于虚拟概念的时候，购物网站上出现的汉服商品成为重要的实物补充。

5. 汉服文化产品的消费

这一环节是汉服文化产业链的终端。受众是社会环境和特定媒介供应方式的产物。在汉服文化产品的受众中，普通受众和汉服爱好者是截然不同的两类受众，在传播方式上，作用于两种受众的媒介是不相同的。

（1）汉服文化爱好者既是受众也是信息源

传统文化及汉服文化爱好者是汉服产品消费终端的主力军，他们对于汉服文化产品拥有较强的消费欲望，也拥有一定程度的购买能力。从目前的市场反映来看，此类消费者对于汉服产品普遍呈现肯定态度，基于两个原因：一是由于爱好而肯定一切有关汉服的因素；二是由于不具备良好的汉服文化知识而对汉服文化产品盲目跟随。

此类消费人群不仅是汉服文化产品的受众，更是汉服文化传播的反馈者和再传播者。互联网的发展转变了传统的传播模式，众多新兴的互联网企业的崛起改变了人们的交流方式，加上智能移动终端的普及，使得人人都变成了信息源，成为信息的传播者。汉服文化的爱好者们不仅成为汉服产品的消费者，与此同时，更成为汉服文化的传播者。

（2）汉服文化产品的普通受众是潜在的汉服爱好者

汉服文化产品的普通受众，即大众媒介的受众。在接收相关汉服文化产品时，普通受众规模大、具有匿名性、分散性，其对汉服文化产品的"解码"过程取决于受众的知识背景。汉服文化对于普通受众的影响力与社会媒介传播方式有关。在对汉服文化产品的消费中，有些普通受众会转变为汉服文化爱好者。

（三）当代汉服服饰纹样的继承与发展

1. 承上启下的汉服服饰纹样复原性工作

由于特殊的历史时期和复杂的社会原因，中国近百年内发生了巨大的社会变革，造成了包括汉服服饰和纹样在内的我国传统文化面临了继承的巨大挑战和困难。传统学者在文化继承的工作当中，扮演着文化保护和延续的角色，进行了大量的文字和图像等出版、记录等理论研究工作，同时重视考古发掘。这在传统文化的继承和复兴的道路上起着举足轻重的基础作用，是重要的理论根基。而在当代，复原性和发掘性的保护研究也依然在不断地前进当中，是补充传统文化内容的重要来源。由这样的传统发展思路所带来的，是主张对汉服服饰和其纹样进行复原的思潮，主要由考古学、博物馆学、国学、工艺美术学、社会学、服装设计工作者等构成。自汉服复兴以来，部分传统文化爱好者也开始加入到复原工作当中。他们致力于汉服服饰和纹样复原性工作，其主张需要充分考量汉服服饰和纹样所处的时代大背景，工艺条件和审美情趣，依托于考古发掘的文物为基础参照，对汉服服饰和纹样的工艺、颜色、尺寸、材质、样式等进行尽可能的还原呈现，并充分考量各方面条件，尽量尊重史实和实物的历史原貌，以还原文物，并且记录和保存大量的实物、图像、文字等文化资料，留存后世和启发当代人的思考。

其中，近年来民间优秀的汉服服饰复原团队有北京服装学院楚艳团队[1]和装束复原小组团队[2]等。其复原对象主要来自于敦煌莫高窟壁画、古画、文物等领域。其中楚艳团队主要的复原服饰作品有敦煌莫高窟第130窟《都督夫人礼佛图》（图2-5）系列服饰及纹样复原、敦煌莫高窟第98窟东壁女供养人服饰和纹样复原、与西安博物院合作复原的唐锦系列纹样、唐代女陶俑系列服饰及纹样复原等。装束复原小组团队复原的主要复原作品则以不同历史时期为脉络划分进行群像复原，对象主要选取能够代表一个特定历史的文物资料、古画、壁画、文献等，如图2-6所示。

图2-5 敦煌莫高窟第130窟《都督夫人礼佛图》装束及纹样复原　　图2-6 对雁宝纹样复原

现代汉服服饰纹样的复原成果一方面通过传统传播媒介，如图书出版的方式向社会公众公开，同时也采用了学术讲座的方式向更多人传递传统文化的内涵和服饰纹样装饰美学；另一方面，依托现代电视媒体和互联网平台而得到了快速的传播，也吸引了社会的广泛关注。如楚艳团队和电视节目"国家宝藏"的合作播出，展示了中国古代服饰和纹样复原的成果，一经播出便收获了巨大反响，并在网络上引起了火热的讨论，尤其是吸引了大量的年轻人群体对传统文化产生兴趣，这使得大批从未接触汉服服饰的人开始加入到汉服服饰设计的道路当中。这对汉服服饰的复兴发展起到了不可磨灭的重要传播作用。而汉服服饰及服饰纹样的复原成果的发布，也主要以互联网为主要阵地，其中主

---

[1] 楚艳，北京服装学院副教授，创立中式服装品牌"楚和听香"。
[2] 中国古代服饰装束复原团队致力于历代服饰、妆容及相关物质文化的复原、重视与传播——笔者注

要包括"百度贴吧"和"新浪微博"。在吸引了大量的关注度和爱好者群体增长的同时，也为汉服服饰纹样的创新设计提供了设计资料参考和灵感。

依托于易获取的互联网平台上的大量汉服服饰及纹样资料，对汉服服饰纹样的复原性研究也呈现出低门槛的特点。除了当代汉服服饰及纹样复原性团队以外，越来越多的个人爱好者加入到复原性工作的队列当中，也是当代的复原队伍的构成特点之一。在互联网主流社交媒体"新浪微博"中，主要以整理分享汉服服饰纹样资料的博主不断涌现。这对汉服服饰和纹样的继承研究和创新设计提供了大量的学术研究理论资料、图像和影像资料，对汉服服饰文化和装饰纹样起到了非常重要的大众科普和传播作用。

当代汉服服饰纹样复原群体，为汉服服饰文化的传播和后世汉服服饰纹样的创新设计起到了承上启下的关键性作用，其作为传统文化发展的重要先锋队，尤其是吸引了越来越多各行各业不同领域的人们加入到汉服服饰的爱好者行列和服饰纹样的设计者团队当中，其作用功不可没。

2. 汉服服饰及纹样发展的新思路

传统文化复兴思潮和社会层面对文化产业发展的逐步重视，使得现代汉服服饰的发展应运而生，大量的传统文化爱好者逐渐加入到文化复兴和设计的队伍当中。传统汉服服饰纹样的研究和发展，在过去主要依托于考古学研究、国学学者、收藏者、工艺美术学者等的研究，而近年以来越来越多不同角色和领域的人们逐渐加入到复兴的行列当中，其中如爱好流行文化的青年人占了相当大的比例。是选择传统还是改良，他们在汉服服饰和服饰纹样的复兴道路上发出了的不同的时代声音。"汉服运动中改良派与复原派的博弈"认为，这两派的主张反映的是两派人对传统文化的观点态度和对待传统的方式，而其争论的背后，本质上是不同视角下对传统再生产的差异性的冲突，以及其所代表的不同价值观的博弈[①]。

在大量的纪录性研究和考古学研究等复原工作的基础上，这一部分人发出了不同于传统型复原性继承的声音，认为将汉服服饰和其纹样融入日常生活才是传统文化继承发展的出路。这其中包含着大量的个人爱好者、商业团队、当代设计师等，他们主张对于汉服服饰文化和服饰纹样进行创新的再设计和适应时代审美的改良性继承；在汉服服饰纹样设计风格上，尝试融合各个历史时期的装饰风格古为今用，探索传统美学与当代审美的平衡点，保留传统文化的精神内涵的同时表达时代的需求；并且将非传统纹样题材转化为新式的设计，尝试新题材与传统文化融合的可能性；同时致力于汉服服饰的产业化，支持新技术参与汉服服饰纹样的设计、生产、消费环节，以推动纹样设计的行业规范的建立，并鼓励商业团体的加入来推动行业规模的发展。

---

① 高子茜. 汉服运动中改良派与复原派的博弈 [D]. 上海：华东师范大学，2019：19.

3. 随时代转变的汉服服饰纹样及对其设计的影响

（1）受众人群的扩大

传统的汉服服饰纹样往往具有一定的寓意和代表性，例如古代服饰纹样的十二纹章制度和官职补服的等级制度等，其不同的龙凤纹、麒麟、蟒纹、狮子等服饰纹样的形象往往代表了特定的阶层人群、职位和社会地位等，非古代普通的民众所能随意使用和享受，并对于具体的纹样形象和尺寸，都由统治阶级制定相关的明文规定加以限制约束。元代《通制条格》卷九关于服饰纹样方面的禁令有记载："元朝服色，虽禁不许服龙凤文，然所谓龙者，五爪二角者尔，其四爪者，上下通用不禁，逮我朝立为定制"，甚至对于特定的纹样色彩搭配运用也有受众人群的划分，例如赭黄、明黄色、紫色等所代表了特定的社会阶层，如固定品阶的官员或是贵族使用，强调"服色第等，上下兼得，下不得僭上"[1]。综上可见，古代具体形象的服饰纹样和色彩搭配运用，其所服务的对象所具有特定性和代表性。这首先受限于古代生产力的发展水平和社会政治制度的限制，并且繁复精美的纹样需要消耗大量的劳动力和物力，经济成本和时间成本都非常昂贵、靡费，同时受工艺水平的时代限制，其生产规模和产量也十分有限，如印染、刺绣、织造等。更诸如宝蓝色、蓝绿色、紫色一类的颜色原材料难以获取，并且非常不易固色，才为达官贵族等具有经济实力的少数人所消费享受，使精美纹样所装饰的服饰无法走进寻常人家，也不能成为普通民众的日常消费品。

封建制度的结束和近代民族独立的实现，使社会阶层的等级制度被完全打破，消散在历史的云烟之中。阶层的打破使得汉服服饰纹样不再具有历史中特定的等级意义，也不再作为某些特定社会人群的象征，而更多的是装饰和美学价值，完全打破了汉服服饰纹样在应用上的受众和消费人群的限制。在龙纹的运用上，在清末已经有非常明显的松动，已经在民间所运用出现，这与社会制度的变革密切相关，是汉服服饰纹样受众人群逐步开始转变的关键性原因之一。在当代已经完全没有具体的服饰纹样形象所代表的阶层和人群限制，更多的是对于纹样的装饰价值的考虑，在近年已经是汉服服饰纹样设计中的常用设计主题。这是社会制度的一大进步，极大增加了汉服服饰纹样运用的范围。另一方面，服饰纹样的运用在传统文化当中也并不限制具体的应用领域，为其他领域的中国风格设计提供了设计灵感，在如今的产品包装设计、海报设计、交互设计、游戏设计、插画设计等领域当中，也运用了大量来自传统汉服服饰纹样的图案。

（2）设计题材的转变

汉服服饰纹样的受众人群在当代已经不再服务于特定阶层人群，使得汉服服饰纹样的设计者们能够不再刻意地追求纹样蕴含的特殊寓意。如一些具有宗教意义的纹样符号，也在时间的长河中与本土文化不断交融，消散了原本的宗教意蕴，这在设计表现层面上都带来了很大程度的思想解放。在如今的服饰纹样设计中，更多的设计因素考量在纹样

---

[1] 黄时鉴点校. 通制条格[M]. 杭州：浙江古籍出版社，1986：3.

本身的美学价值上，不再拘泥于特定的题材组合。在当今的汉服服饰纹样设计中，一个设计就可以融合历史上不同朝代的装饰风格，进行多样化的重新组合和创造性的再设计，打破了固定的组合所带来的形式解放，使得各种新式的设计应运而生，这也一定程度上顺应了消费者的需求和当代审美观念的转变。当代消费者在追求古典和中国传统风格的基础上，也要求设计风格更加活泼、不刻板。在新的设计中，新时期的外来文化和非中国的装饰元素也可以成为设计的题材。中国传统文化具有强大的包容性，这种设计倾向自古有之，如古有大唐盛世能够融合来自古印度和中亚的装饰风格，将其运用在服饰纹样的设计当中。今有当下中西文化不断融合并友好相处，也令各种装饰风格都能够在纹样设计中进行运用，如北欧风格的几何纹样因纹样构成方式上与魏晋和唐代的装饰方式相似，而多运用于当代汉服的布料印花纹样；又如莨苕纹作为欧式纹样的典型代表，在当代的汉服纹样设计当中也多与我国传统缠枝花草题材的纹样结合设计。

现代工业技术的进步也是推动设计题材转变的关键因素之一，使汉服服饰纹样设计的创新有了更少的限制。首先体现在纹样设计的尺寸和篇幅上。在古代的工艺当中，常用布料的尺幅一般仅有几十平方厘米，进而发展到一平方米左右，更大的尺寸制作起来十分不易，限制了汉服服饰纹样设计的篇幅。而现代纺织工艺的布料宽幅限制已经被打破，布料宽幅常用达150-155厘米左右，甚至特殊的能够达到两米甚至更大，这意味着设计者拥有更大的设计尺寸空间，可以丰富设计纹样的表现内容，并不再拘泥于传统的设计形式。历史上不容易织造的团块大花的服饰布料纹样设计可以在如今大胆地加以表现。另一方面，旧有的工艺所无法表现的工艺效果，如印花纹样和撷染，通过现代数码印花技术能够非常快速地生产和实现，并大规模化生产。古代需要通过手绘和特殊的印染工艺去实现的纹样渐变的效果，通过当代的计算机制图技术、数码印花技术和热转印技术等都能够轻松实现。

现代纺织技术的发展，促使更多纹样表现方式的诞生。现代提花工艺、机器剪花工艺等，能够模仿古代缂丝、提花花罗、花绫、织锦、锦缎的效果，繁复华丽的装饰纹样不再需要花费大量人力、物力去生产，而是通过工业化的机械生产实现量产，让美丽的布料轻易地走进街角巷陌，同时也能够快速地更新纹样的图案设计而不必不断地更改工艺。纺织工艺的发展，也使得一些抗氧化的合金金属、塑料化合物等都能够非常相似地模仿黄金的效果。在古代纹样的工艺表现当中使用的织金、金绣、销金、贴金、绘金泥等服饰纹样装饰工艺，也可不必再以使用真金银为主，而采用现代的烫金工艺、仿金泥颜料、仿金银线机绣工艺等来实现类似的装饰效果。[1]（如图2-7所示）

现代电脑绣花也实现了能够模仿传统人工手绣的效果，甚至在古代非常珍贵的蜀绣、苏绣技艺制品等，机绣工艺的平针样式也能够做到惟妙惟肖，并且产品的产量和速度都非常具有发展优势，具有产业化应用的能力。现代工艺的进步成为当代汉服服饰纹样设

---

[1] 沈从文. 沈从文说文物——织锦篇[M]. 重庆：重庆大学出版社，2014：5.

计转变的强大助力,工业化大生产是汉服服饰文化得到推广和普及的前提,这是不同于以往任何历史时期的飞越。

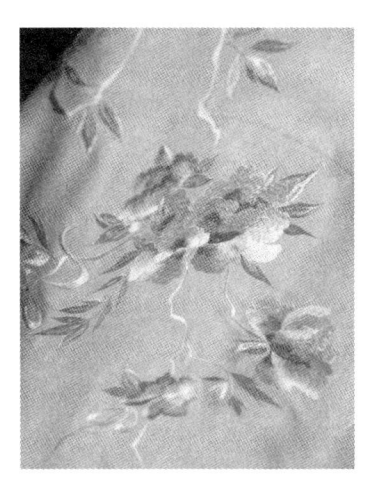

图2-7 现代机绣工艺及仿金银线机绣工艺表现图

(3) 表现寓意的时代变化

汉服的服饰纹样具有自身的美学上的装饰意义以外,往往还具有一定的内涵寓意,这首先与受众人群息息相关。在古代,汉服服饰的纹样在设计和运用当中,会具有特殊的吉祥寓意和祝福寓意,甚至一些宗教寓意包含其中,主要受众人群的社会地位、职位、财富、宗教信仰、节日等的影响。此类汉服服饰纹样,如三羊开泰、麻姑献寿、连年有余、柿柿如意、丹凤朝阳、太平有象、五蝠如意、暗八仙、并蒂同心等,一般以具体纹样形象的文字谐音,取其吉祥寓意;或是具有彰显穿着者的社会地位以及财富的寓意,如传统的官职的补服制度,按照具体的狮子、仙鹤、麒麟、龙、蟒、黄鹂、熊罴等形象来代表其特定的官职品阶与社会地位。一些特殊的精怪形象如应龙、九尾狐、鸮、朱雀、玄武等,在传统的汉文化中还具有一定的图腾崇拜寓意,并不经常出现在传统的汉服服饰纹样设计和运用的题材中。在辛亥革命之后逐步被打破的社会等级制度,与封建制度的结束,伴随着纹样设计的美学上的思想解放,历史时期诞生的经典汉服服饰纹样,虽然还具有一定吉祥寓意继续被应用,取其美好的意义,但不再具有彰显一个人的地位和财富的作用,更多的是个人审美与个人兴趣、个性的外在表达。而非传统型的设计题材,也被二次加工设计到新的汉服服饰纹样中来。而如佛教、道教纹样和传统文化的长期融合作用的结果,发展到当代也不再具有严格分界的宗教意味。因而当代的汉服服饰设计者在纹样的设计当中,便可减少避讳其特别的寓意,能够进行新式的创新设计和加入新的题材形象,搭配使用,重构设计内容,大胆地发挥个人创造力和想象力,也更能够适应占汉服服饰爱好者中相当大一部分比例的年轻人的审美取向。如在近年的汉服服饰的纹样设计中,不乏龙的服饰纹样设计,但不需再避讳其五爪还是四爪的旧有统治寓

39

意。而同时再设计的题材当中也出现了如应龙、九尾狐（如图2-8）、白泽、细犬等形象的服饰纹样，这被当代的年轻人认作是个性的个人情绪表达而受到欢迎。猫的形象也受到当代审美的影响，在历史时期当中，猫在服饰纹样的应用往往是特定的耄耋纹样，但在当代的服饰纹样设计中，使用的猫的形象做汉服服饰纹样的设计往往是为了表达其装饰上的可爱性，并且已经广泛被人们所接受和喜爱。综上，纹样图案无论是从题材还是寓意表达上，在近年的汉服服饰纹样设计中已经有了显著的变化。

图2-8 道定汉服以九尾狐为纹样设计主题的汉服

（4）设计技法的多样化

传统的汉服服饰设计，其灵感与设计题材主要来自生活中直接存在的美的形象的具象或抽象的表达，其衍生包含人所想象的精怪、神兽、灵物等形象。传统汉服服饰纹样设计的表现技法，主要依靠手工绘画、雕刻、印刷等方式，其主要表现类似于中国传统工笔画的白描技法，依托于动植物的写生画法，以线造型，然后设色。纹样设计更主要依靠画师们和工匠们的手工劳动，而在当代被数字技术所取代。计算机绘图技术的诞生，推动了设计技法多样化。手绘板的数位板技术，能够将以往的在纸、墙壁、布料、皮革等实物载体上的绘画转换为虚拟的形象，因此应运而生了相当多的新式虚拟绘画技法。这对汉服服饰的纹样设计也带来了颠覆性的变革：第一，新式的技术手段使得汉服服饰纹样的设计和绘制变得更加便捷和高效。如当代的摄影作品资料非常丰富，方便获取，写生变得十分便捷。在设计造型和灵感的选择上，也可以搜集摄影作品来做纹样设计题材的形象参考，并且传统纹样复原工作也能够依靠计算机制图和摄影进行高精度的绘制，产出大量的图像资料得以存储和长期保存流传后世。第二，丰富了纹样的色彩表现方式、结构构成方式，这使得当代的汉服服饰设计师在纹样的设计上拥有更大的表现空间，新型的绘画技法也可以表现多种多样的纹样效果。例如在实物载体上不容易控制的晕染渐变、无骨画、喷溅泼洒等特殊效果，配合现代的数码印花等工艺，有了更丰富更精美的纹样设计效果。第三，新技术的出现令汉服服饰纹样的设计技术门槛降低，不少并非专业从事美术或设计行业但能够运用SAI、PS、AI、CAD等软件的人也加入到设计者的队伍当中，当代设计者能够熟练的掌握计算机制图技艺成为专业素养之一。第四，计算机制图能够更加便捷地配合工业化的生产，保证了纹样的尺寸精确和精准的色彩表现，也加快了当代汉服服饰纹样设计更新换代的速度，是汉服服饰能够大规模工业生产和产业化的关键性基础条件，也推动了当代汉服服饰纹样设计行业规范的建立。

4. 消费者的构成变化对汉服服饰纹样设计的影响

当代汉服服饰的消费者及爱好者，在群体之间互相称为"同袍"[①]，其名称取于古文"岂曰无衣，与子同袍"（《诗经·秦风·无衣》），在这一群体当中，性别的占比对于当代汉服服饰的发展和服饰纹样风格的设计产生了非常大的影响。首先，女性在整体群体当中占有相当大的比例，因此在当代汉服服饰纹样的设计产品当中主要是以女性消费者为服务对象，女装产品是主流生产趋势。这就影响到服饰纹样的风格设计偏向于以花卉、鸟禽等风格娟秀的纹样，配色上较明艳、鲜亮，以吸引女性消费者群体。男装虽相较于女性占有较少比例，但在近三年的数据可以看出，男性群体仍处于增长的态势当中，虽然从比例上来看增长幅度较小，但因近年来汉服同袍的基数发生了非常大的增长，因此实际男性同袍的增加人数是十分可观的。这影响到当代汉服服饰产出了更多男装和男性化设计作品，并且中性化的纹样设计题材明显增多。如服饰纹样设计当中，越来越多地出现了山水、麒麟、龙、蟒、神兽、精怪等设计题材，同时设计师在设计作品当中为了兼顾到男女消费群体，在纹样配色上也转而出现更多的稳重、深沉、对比强烈的色彩搭配，以适应市场变化吸引更多的男性消费群体。在未来的汉服服饰纹样设计作品当中，设计风格将会紧密结合市场的变化以适应更多消费者的不同需求。

另一方面，受到消费者的消费水平以及工业工艺技术发展等因素的多种制约，在近年的消费者当中，受众年龄的年轻化是态势之一，大多集中在15到25岁之间，主要构成为学生群体，经济水平有限，促使当代汉服服饰产业低价产品更多地出现，在服饰的纹样设计风格上也更趋于年轻化。为了控制生产的成本以及兼顾吸引更多年轻消费者，设计作品的生产应用工艺主要选择成本较低的机绣工艺和印花工艺。以现代机绣工艺为例，其中设计汉服服饰绣花纹样的题材会更加偏向于尺寸较小的纹样图案，而减少大尺寸的纹样设计产品以降低生产成本，尺寸宽度控制在45厘米左右或以下，并在色彩的选择上在六色左右及以下。另一方面，年龄在25至35岁甚至以上的消费者也在大幅度的增长，和年龄较小的消费者呈现两极发展的态势。这一部分消费者一般具有较好的经济能力，也促进了行业发展向高端产品的转型。在汉服服饰纹样的设计当中，设计师会倾向于设计绘制尺寸较大，色彩层次和细节更加丰富的设计作品，对纹样设计倾注更多

[①] 称呼出自2006年《我们，汉服复兴先行者的统一称呼为——同袍！》，作者"秋月半弯"，呼吁大家互称"汉服同袍"——笔者注

的心血，并在生产工艺上选择手绣工艺、大尺寸的机绣、织金工艺以及印花加绣花结合的纹样设计表现。

综上，生产工艺的发展和消费者群体的不断变化，使得整体产业分工更加细化，产业结构的发展更加合理，消费者的不同需求对设计师的专业素养能力提出了更高要求的要求，推动了行业标准的建立。

5. 纹样设计的原创性保护

当代汉服服饰市场规模迅速扩大增长，一方面带来了新的职业的产生，不断涌现优秀的创新设计作品，但另一方面，部分商家只追逐商业利益，淡化版权原创意识，对设计也粗制滥造，使得行业发展出现了很多乱象。在当代汉服服饰行业发展成长的现阶段，出现了不少仿冒原创设计作品的产品，这类型的产品被界定为山寨版。他们往往不进行设计创新，而是直接模仿行业内热销设计的款式或纹样图案进行仿造复制。山寨版的出现，因其价格往往比汉服原创设计低廉，只追求形似而不注重品质，容易误导很多不了解汉服服饰行业的新消费者，并留下汉服服饰是劣质、粗制滥造的"床单"服的印象，一定程度上阻碍了行业的发展。同时也挤压了原创设计师的生存空间，使得原作者的设计产品被误解，并且失去价格优势，占据了原创作者的市场份额，导致部分优秀的原创设计者被大量的劣质仿冒产品击垮而失去信心并造成经济损失。山寨版和擦边球产品严重侵犯了原作者的著作权，在当下的行业环境中，存在维权成本较高、难度大、取证困难的情况，并且保护原创设计作品的相关法律法规不够完善，令部分原创设计者寸步难行，往往不了了之。原创设计者一定要注重作品的版权保护和提高自我法律意识，保存好自己的设计资料，对完成的设计作品积极地向相关机构进行版权著作权作品登记和外观专利申请，以维护自己的知识产权，一旦发现侵权积极地利用法律武器进行举报或维权。

纵观整体的当代汉服服饰行业发展历程，仿冒和跟风的设计作品造成了行业乱象的同时，也吸引了大部分的新消费者和爱好者的加入与关注，但从行业长远发展上来看弊大于利。设计者们在进行自我的设计创造过程中，应更多地学习中华传统文化的工艺美术知识，提高自己的艺术素养和审美，同时建立自我维权和原创保护的法律意识。同时，相关部门也应当健全知识产权的保障体系，令原创作者们减少后顾之忧，能把更多的精力投入到设计创作之中去。

二、汉服文化在文创产品中的开发应用与服务设计

以下从两汉文化背景下的服饰文创产品设计与永乐宫女性服饰图案在文创产品中的设计应用为例，探讨汉服文化在文创产品中的开发应用与服务设计。

（一）两汉文化背景下的服饰文创产品开发应用与服务设计

秦唐文化看西安，明清文化看北京，两汉文化看徐州。徐州是彭祖文化、两汉文化

的发源地，也是南北文化的交融、集萃之地，有灿烂多元的文化。徐州博物馆资源丰富，让文化遗产活起来、动起来需要多管齐下，既要坚持传统的传播方式，如参观、解说等，也要充分运用现代传媒，如网络、App等。将两汉文化元素用于服饰创意设计，即"汉风"服饰，是一种以两汉文化为神韵、现代时装为形韵的汉文化时装，旨在推广具有徐州两汉文化特色、并能推动复兴中华汉文化的时尚服饰。

1. 确定可以研发的服饰类产品

在服装市场调查研究的基础上，应依据文创产品设计研发策略，借鉴汉代服饰文化的设计元素，结合文创产品市场情况和顾客需求，利用美学法则，考虑制作工艺和时尚流行趋势等重要因素，对服饰产品进行广泛调查、探索、研究、分析，确定能与两汉文化元素结合设计的服饰产品范围和种类。

2. 充分汲取汉代服饰文化元素

通过对汉代服饰文化的深入了解，选择汉代特色鲜明的典型服饰造型、主要色彩和传统图案纹样进行重点研究、分析，从中提炼鲜明的设计元素，包括服饰造型、服饰色彩、服饰纹样、面料肌理等，保留其精华，并运用现代设计语言和方法，将这些设计元素充分应用于服饰类文创产品的研发设计中。应找到最佳契合点，创造出具有浓郁汉风特色、实用性、艺术性和观赏性的服饰产品。

3. 合理运用现代设计语言和方法

既然要对汉风服饰进行创新的设计，首先就需要对时下的流行趋势进行了解。了解流行趋势的途径是多种的。服装设计师除了查阅专业流行信息的出版物，掌握专业时尚资讯机构发布的流行趋势，关注网络流行资讯，更多地还要通过时装发布会和市场调研确定流行时尚元素。应在设计服装产品之前对当下流行元素进行分析、归纳、总结，并尽可能地预测即将流行的元素，才能设计出大众易于接受并且具有时尚感的服装。汉服的创新设计必然要将分析总结出来的流行元素运用其中，而这些流行元素在具体运用时需要保持整个设计仍然具有汉服审美风格。

（1）预测流行色彩

流行色一般由几个重要的国际流行色组织同各国相关行业公司共同讨论制定，并发布未来一至三年的色彩趋势。设计师要具有敏锐的洞察力，结合专业预测机构作出的预测，分析色彩色调、浓淡的变化，全面细致地对两年内的流行色进行总结。在保留汉代崇尚的经典色调的同时，可以适当结合流行色，调节其色彩比例，作为辅助色彩使用。

（2）结合流行款式

随着社会的进步，人们生活方式的改变，宽松舒适的运动风格和解放四肢的oversize休闲风格被众多的年轻人所喜爱。相对于修身的款式，这类的服装穿着起来更为宽松自由，既可以掩盖形体的不完美，同时又彰显个性。这种崇尚自然的服装样式的流行，表达出穿着者更关注自身的感受，而不是一味地用服装束缚人体，塑造形体，迎合服饰造型，体现了一种回归本真的自然洒脱的心境。在这种穿着方式的引导下，相对平面的裁剪款式和飘逸洒脱的服装风格愈加受到时尚界的关注。例如在设计中，款式上可以借鉴汉代的襦裙造型，交领领口或者腰间系带的汉服特点，但要求廓形简练；局部细节可以做精细的处理，如点睛的汉代图案、纹样，运用刺绣、钉珠、缀饰、镂空等现代工艺技法，借助西方高级时装手工工艺，展现清丽脱俗的中国汉风。因为汉服是平面裁剪，塑造了宽松飘逸的服饰形象，展现出追求轻松舒适、自然健康的心态，所以廓形上主要以简约、宽松为主，在保证舒适度、实用性的基础上适当地进行局部调整、塑形。这种摒弃繁复装饰、追求返璞归真的样式，更符合返璞归真、回归自然的汉风主题，重新诠释了两汉意境和东方美学。

（3）面料选择和创新

面料创新是服装设计师重要表现手法之一。随着人们审美心理和消费观念的变化，服装产品中对面料的设计开发和运用尤为重视。新锐设计师把设计关注点从服装造型上逐渐转移到服装材料与装饰的运用上。从国际时装发布会以及国内外时装设计大赛的趋势不难看出，面料创意设计和运用是近些年服装设计的热门领域。通过面料的创意设计和整体制作工艺的完美结合，来体现设计主题和灵感。第一，应分析总结当下流行的纺织面料，包括图案颜色、花纹、质地。例如目前流行各式各样的印花面料，主要有花卉图案、几何图案、动植物图案等。第二，应汲取汉代传统纹样，利用简化、概括、解构等设计手法，结合电脑印花，电脑提花，彩绘等新技术手段进行图案设计。第三，局部可以采用刺绣、钉珠、缀饰、褶皱、镂空、彩绘等面料再造手法，丰富面料的肌理质感。在视觉和触觉上，使服装富有变化，展现独特的韵味。第四，在面料的选择上不可墨守陈规，轻盈而富有光泽的丝绸、自然古朴的棉麻、高温压皱处理的聚酯纤维，甚至新技术材料都可以被广泛使用。设计中，多种健康、环保的材质可以混合搭配，但要贴合两汉文化主题，考虑图案颜色浓淡变化，调整花纹的疏密，注意肌理的丰富变化以及层次空间的对比，追求自然、灵动、飘逸的质感。

4. 配饰种类拓展和设计

除了各种款式服装产品，另外配饰产品也有大量研发空间：包括围巾、手套、鞋袜、箱包、伞具（雨伞、遮阳伞）、扇子、首饰（项链、耳环、戒指、手镯、胸针、发簪、发卡），等等，围绕两汉文化主题，进行延伸设计。灵感可源于汉代宫廷或民间素材，汲取玉器、铜铁器图案纹样，比如经典的云雷纹、茱萸纹、凤鸟纹、回纹等，借鉴漆器黑与红华丽的配色，玉器清冷莹润的优雅色调。材质上，选择余地很大，硬性材质如金、银、铜、铁等金属材料、木质、陶土、树脂；软性材料包括丝、绸、棉、麻、毛，运用编织、刺绣、雕刻、镂空等制作工艺。其中，配饰图案造型的设计非常重要，可以采取简化法、重构法、衍生法进行创作。配饰的设计，从图案纹样的选取、外形的设计、色彩的搭配、材质的选择，须配合服装造型整体风格，适应现代人生活需求，年轻、时尚、新颖，不必过于奢侈华丽。

（二）永乐宫女性服饰图案在文创产品中的设计应用

1. 永乐宫服饰图案形成的背景

永乐宫建于山西省运城市芮城县，它是中国境内遗存的早期壁画相对完整的唯一道观，其壁画汇集了唐、宋以来道教绘画精华的巨制，是中国道教壁画艺术在漫长发展过程中所形成的完整系统和美术成果的光辉遗存，是宗教艺术的瑰宝。[①]这部巨作的完成于元朝共末。在宋元时期，蒙古铁蹄踏入中原，政局空前动荡，社会阶级民族矛盾激烈，致使元朝产生了独特的格局，不仅继承了唐代自由开放的意识，同时兼备了宋礼的拘谨。在这个复杂的环境下，元朝统治者为稳固统治推行汉法，与汉族文化交流融合。与此同时，道教文化也被统治者所推崇，开始繁盛起来。随着朝代的更迭和政局的变化，不同朝代的历史文化都存在着差异，从而导致了不同朝代的建筑形式、生活方式、服饰图案等方面都存在着不同。元朝将这些特点继承和创新，形成独特的文化装饰艺术，产生了具有特色的装饰图案。

2. 永乐宫女性人物服饰图案类型分析

绘于三清殿的《朝元图》可以称为永乐宫壁画的精粹。整幅壁画描绘的是八位主神和道府众神祇朝拜原始天尊的道教仪式场面，它已成为中国道教类壁画的杰出代表，集道教壁画的艺术精髓为一体，与将近三百个超过真人规模的人物形象巧妙地相互融合。整个壁画的总体线条厚重流畅，颜色灿烂艳丽，结构的疏密程度备致，整个画面气势磅礴、庄严肃穆。[②]在整幅壁画中出现了许多不同等级的女性形象，她们形象突出，服饰造型精美，人物装饰绚丽，这与当时发达的服饰文化是分不开的。女性服饰文化是中国传统文化中一个重要的脉络，它传承着一个时代的文化精神。而图案纹样是服饰的重要装饰途径，是服饰组成不可或缺的一部分，它包含着一个民族丰富的文化内涵。永乐宫女性人物典型的服饰图案类型可以分为植物纹样图案、动物纹样图案、几何纹样图案等。这些图案在神祇的衣领、水袖和裙摆的位置随处可见。

（1）植物纹样图案

①卷草纹图案

卷草纹图案是中国传统图案中的一种，在元朝卷草纹样是很受人们的欢迎，它寄托了蒙古人民对生活的美好祝愿。它也因在唐朝的服饰中被广泛应用，也被称为唐草纹。它是从忍冬、荷花、兰花、牡丹等花卉植物中提取元素，经过提炼和重新排列组合，以"S"形的波浪状曲线造型，通过二方连续的方式，形成的图案纹样[③]。北壁勾陈大帝右

[①] 陈正明. 道观壁画的光辉遗存——《永乐宫壁画全集》简介[J]. 美术之友, 1997（03）: 43-44.
[②] 张康宁. 永乐宫《朝元图》女性形象在商业插画中的设计转化[J]. 山西青年职业学院学报, 2020, 33（01）: 96-98.
[③] 丰帆. 唐代女性服饰与图案研究[J]. 家具与室内装饰, 2017（08）: 102-103.

侧的玉女以及左侧的灵芝玉女衣领处都饰有卷草纹，叶子脉络繁复，结构层次丰富，松紧协调，有着连绵不断的气势。卷草纹通常也会与葡萄、石榴和鸟兽结合产生新的图案纹样。在《朝元图》中北壁月神的裙摆处饰以卷草石榴纹进行装饰，取自然的石榴图案为原型，如含苞待放或被团花所包围，露出饱满的石榴果实和石榴籽，意寓多子多福。古有"拜倒在石榴裙下"的典故，这样的设计更凸显出女性特质，寄托了世人对后代人的祝福（图2-9）。

图2-9 卷草石榴纹

除此之外，在《朝元图》中许多神仙的水袖、领子和衣襴处，都出现了一些在几何骨架上填花的图案纹样，其中许多都还保持了唐代的纹样风貌。这种图案纹样也是卷草纹在服饰中存在的另一种形式。

②团花纹图案

团花纹又叫团窠纹，在唐代的时候就非常流行，寓意着团团圆圆，和谐美满。团花纹是通过一种或几种花卉，以对称或平衡的形式，把它们连接成一个类似圆形的单一图案，做四方连续的构成。[①]《朝元图》中水星的衣领处有小团花进行装饰，结构简单，却不失单调。她旁边的金星手中怀抱着装有琵琶的包袱，装饰图案采用四方连续的小团花，缠枝纹与包裹相互连接，富有节奏感。除了这些女性神身上有小团花图案，玉女们的衣领、袖口上也通过小团花图案来进行装饰。经过唐、宋的演变和创新，形成了元代女性服饰中的形式繁复却不失干练的团花纹样（图2-10）。

左：图2-10 小团花图案　右：图2-11 宝相花纹图案

③宝相花纹图案

宝相花又称之为宝仙花，是一种寓意祥瑞的纹样，风靡于中国唐代的贵族妇女之间。而宝相花本身就是一个由佛教在我国兴起而形成的组合式花卉系列，以莲花、牡丹、菊花为代表所创作出来的理想化的装饰性很强烈的花卉。壁画中有一位在神龛扇面墙外东面的玉女，她的裙摆处装饰着宝相花纹，主要以牡丹花为主，花瓣、叶子等材料为辅，

---

① 田伟，范立娜，张星. 唐代服饰图案及其文化内涵[J]. 饰，2007（03）：43-45.

采用左右对称的结构，呈放射状的方式组织材料，以二方连续的形式出现。牡丹花自唐朝的时候就非常的受欢迎，元代延续了唐代的纹样特色，牡丹花瓣层层堆叠，富丽堂皇，衬托出女性的美感（图2-11）。

（2）金色凤鸟图案

以凤为主的吉祥图案，在封建社会中，是人们图腾崇拜的产物，应用于皇后的服饰为主。凤性高洁，形华贵，懂音律，能给人民带来幸福与安宁。一般凤纹与龙纹相配出现，寓意着龙凤吉祥。在《朝元图》中这一图案应用在后土娘娘的衣袖和金母元君的领、袖边缘，彰显出帝后的身份，这一图案在别的女性人物服饰中并未出现，侧面反映出当时社会阶级地位森严。在服饰图案的造型中，以具象的凤纹为主体，云气纹配以装饰，起到分割画面的作用，与凤纹相呼应，构图更加饱满，形成统一的整体（图2-12）。

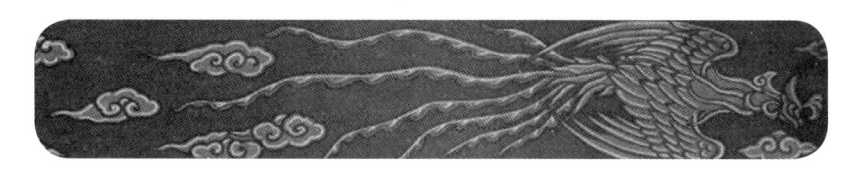

图2-12 金色凤鸟图案

（3）龟背纹样图案

龟背纹作为几何图案的主要代表，以六边形为基本骨架，在龟背纹中间填充不同的细节进行创新变化[①]，有着延年益寿的寓意。龟背纹一般分为两种形式出现，第一种是以龟背纹为单独纹样做四方连续，多出现在服饰和披肩上；另一种是以四方连续的龟背纹做背景，配以花型纹，主要出现在椅披和供毯上。例如，在《朝元图》中位于金母元君旁边的奉宝玉女，身着龟背纹所饰的披肩，整个图案以龟背纹为主体结构，其图案单一，重复在一行延续排开，十分有节奏感和韵律感。位于西壁，东华侧身托果盘的玉女衣领处出现了几何纹样与花朵纹样相结合的纹样形式，不仅体现出了植物纹样的柔美，还体现出了几何纹样的秩序美感，增添了图案的形式美（图2-13）。

图2-13 龟背纹样图案

（4）其他纹样

除上述纹样之外，帝王冕服的纹样也是经过精心设计的，服饰中绘有"十二章纹"，包括日、月、星辰、龙、山、华虫、火、宗彝、藻、粉米、黼、黻十二种纹样。"十二章纹"代表着仰视俯察天地的职责，是帝王所独有的，至高无上权力的体现。除此之外，更具特色的还有五岳名山图案，青绿山水之间，山岳纹是道教主要纹样之一，体现着人

[①] 梁振文. 永乐宫"三清殿"壁画中装饰图案的艺术构成探析[J]. 美与时代（上），2021（04）：45-47.

们对道教文化的追求。

3. 永乐宫女性服饰图案在文创产品设计中的应用

（1）设计方法

永乐宫女性服饰图案在文创产品设计中，遵从了实用、美观和创新的设计原则，将意蕴含义进行转化，保留了它原来的基本形态，采用了抽象的手法，将传统的服饰图案进行提取再设计。这样的设计不仅保留了服饰图案原本的风貌，还与现代文创产品设计理念相吻合。

（2）提取方法

对于服饰图案的提取方法一般分为三种：第一种是对特定的纹样元素直接进行提取；第二种是抽象提取，去繁从简提炼，研究纹样的走势，用明确的几条曲线代表纹样走势，或者简化提炼后，再进行变形设计；第三种是分解重组设计，通过平面构成原理提取纹样的轮廓，或选择具有代表性的图案代替特定元素本身，将图案组合起来得到具有代表性的缩略符号。[①]

（3）典型图案纹样提取

①植物纹图案元素提取

在永乐宫女性服饰植物纹样图案中，选取具有代表性的青地卷草石榴纹作为研究对象。这种纹样在女性服饰的衣领、裙摆处出现的频率极多。石榴纹本身代表"多子多福"的寓意，与女性形象更为贴合。从青地卷草石榴纹中提取一部分卷草石榴纹样，研究它的脉络变化，由于它的形态变化较为复杂，可能会增加文创产品的设计难度，所以采取抽象提取再变形的设计手法，以保证产品设计更加精密。首先对其复杂的形态进行简化，去除它多余的装饰，再在简化的形态上进行复制，旋转，坐标微调得以创新出新的图案（图2-14）。

图2-14 植物纹图案元素提取

②动物纹图案元素提取

在永乐宫女性服饰动物纹样图案中，选取一般只有帝后才可以使用的云凤图案作为研究对象。云凤图案在帝后的服饰图案中出现的频率极高。云凤图案的表现形式并不复杂，但内部细节比较琐碎，如果对纹样进行直接提取应用，所应用在文创产品上的图案过于复杂，因此对纹样采取抽象提取再变形的手法。首先对云凤纹的外轮廓进行简化提

[①] 耿卉，宋魁彦. 邯郸建筑元素在文创产品中的设计应用[J]. 家具与室内装饰，2021（02）：81-83.

炼，去繁从简，提炼出凤凰更为精简的图案，提取出来的图案中云气纹过多，减少了纹样的精致度，所以对它进行了删减处理，使其形态更为明朗，最后再进行变形设计，使纹样活灵活现起来（图2-15）。

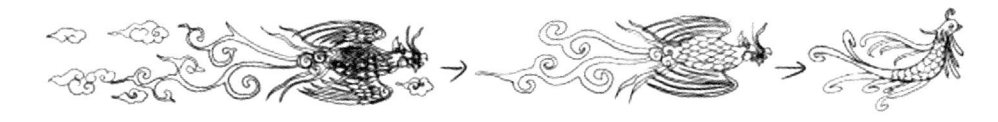

图2-15 动物纹图案元素提取

③几何纹图案元素提取

在永乐宫女性服饰龟背纹样图案中，选取了在捧宝玉女衣披上的龟背纹作为研究对象，其结构简单，表现形式单一。对于此类纹样采用抽象提取的手法，从四方连续的龟背纹中选取其中单一个体进行简化，沿着纹样走势进行变形，形成新的几何纹样（图2-16）。

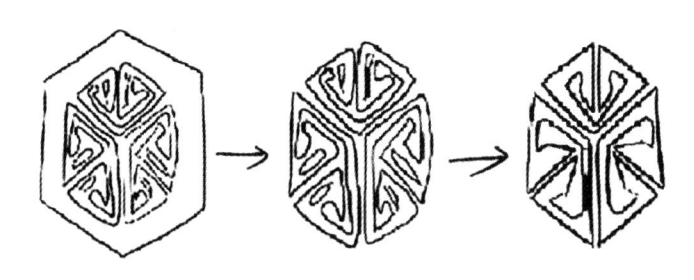

图2-16 龟背纹提取过程

（4）永乐宫女性服饰图案元素应用

①永乐宫女性服饰图案元素在发簪中的应用

发簪是一种固定和装饰头发的一种首饰，是古代女性常用的一种首饰。从远古时期就开始存在，不同朝代发簪的款式都在变化，传达着不同时期的文化理念，也可以当做是一种文化产品。按云凤纹的提取方法将提取出来的元素应用在发簪上，在材料方面以木质材料为主，体现木质所散发出的古色古香的韵味，采用镂空的技法装饰元素，更加凸显出古典韵味。[1] 将这三种服饰纹样分别整合应用在发簪中，这样的设计不仅起到装饰的效果，还体现出永乐宫的文化特色，也为传统纹样在文创产品的设计提供思路。发簪文创彩色效果图（图2-17、2-18、2-19）。

---

[1] 周旭婷. 瑶族服饰纹样在文创产品设计中的应用研究[J]. 湖南包装，2020，35（04）：58-61.

图2-17 卷草石榴纹发簪彩色效果图　　　图2-18 云凤纹发簪彩色效果图

图2-19 龟背纹发簪彩色效果图

②永乐宫女性服饰图案元素在胸针中的应用

胸针是我们现代社会中常用的一种饰品，不同的胸针象征着不同的内涵，从一个人对胸针的选择就可以看出他所表达的气质和身份，是一种信息和文化传递的重要工具，也是一种文化产品的代表。胸针的设计理念与发簪的设计理念相通，均是将以上三种服饰图案进行整合，设计成胸针的样式，只是在材料的选择上采用了金属材质——金属材质被腐蚀的程度较低，更易于保存和佩戴。胸针文创彩色效果图（图2-20、2-21、2-22）。

图2-20 卷草石榴纹胸针彩色效果图

图2-21 云凤纹胸针彩色效果图

图2-22 龟背纹胸针彩色效果图

第三章　民族刺绣元素在文创产品中的开发应用与服务设计

中国是世界上最早发明丝绸的国家。随着丝绸的产生和发展，刺绣也产生发展起来。刺绣，古称针绣，是用绣针引彩线，按设计的花纹在纺织品上刺绣运针，以绣迹构成花纹图案的一种工艺。考古发现，距今六七千年以前，我国就开始饲养家蚕和织造丝绸了。在此后的四五千年时间内，我国一直是世界上唯一能够织造轻柔、美丽丝绸的国家，因而被古代世界各国称之为"丝国"。

中国的刺绣随着丝织品的出现而产生，其年代久远令人称奇，其绣品种类之多也令人赞叹。中国刺绣技艺存在于中国各地各民族中，各地、各民族都有着独具特色的刺绣技艺，如四大名绣——苏绣、湘绣、蜀绣、粤绣，以及京绣、鲁绣、汴绣、瓯绣、杭绣、汉绣、闽绣、苗绣、羌绣等地方名绣。

随着现代社会发展以及多元化文化价值的影响，曾经家喻户晓的民族刺绣也面临着传承与发展的问题。近些年我国旅游经济和文化创意产业迅猛发展，随之民族刺绣作为精湛的手工技艺又出现了新的生机，民族刺绣各元素也成为现代设计中取之不尽、用之不竭的创意源泉。基于此，本章主要选取我国四大名绣中的苏绣、蜀绣以及少数民族刺绣中的苗绣和羌绣为代表，探讨民族刺绣元素在文创产品中的开发应用与服务设计。

一、苏绣在文创产品中的开发应用与服务设计

苏绣源于苏州，位于四大名绣之首，从产生至今已有两千多年的发展历程，其独特的艺术特征已日趋成熟，具有极高的地域文化价值。随着科技、经济的高速发展，人们生活水平的不断提高，传统审美发生了巨大改变，苏绣和其他传统工艺美术面临严峻的生存挑战。近年来，现代文化创意产业蓬勃发展，大众对文创产品的热爱给苏绣带来了新的发展机遇。

(一)苏绣的发展历程与艺术特色

1. 苏绣的发展历程

(1)明清以前的苏绣

苏绣是苏州地区手工艺术的代表,对该地区的经济文化发展具有重要意义。近代以来,逐渐形成了苏、湘、粤、蜀四大名绣,而苏绣又以精细雅洁的特点位居四大名绣之首。

在苏绣两千多年的历史发展中,它一直没有离开苏州这一地方。据清代乾隆《吴县志》称:"断发文身为吴中风俗之始,仲雍来而人知礼义。"[①] 相传中原人仲雍来到太湖流域,不忍看到百姓文身损伤身体,便与几个大臣商议此事,被正在房内低头缝衣的小孙女听到,便仔细观察,凝神思索间针扎破了手指,鲜血染红了衣物,于是她便生出了一个奇妙的想法,将血色染红的图案用针线描绘。这个想法很快得到了验证,针线描绘出来的图案漂亮极了,比文身便于操作,同时也更具观赏性。于是仲雍倡导,用此服饰代替文身。小女孩的奇妙想法使得百姓不用再遭受文身的痛楚,大家为了纪念她,就将这种针线操作技艺冠以她的名字——女红。自此之后,用针线在布料上刺绣的工艺得以形成,革新了断发文身的陋习。虽然这一传说还没有被史学家考证,但是至少可以看作是苏绣的滥觞。

出土于苏州虎丘塔的刺绣残片(图3-1),是目前为止最早的刺绣实物。据史料记载,虎丘塔最早建于五代时期,北宋初期完成。根据文物上的文字与刺绣判断,大致可以确定此物是苏州本地的刺绣品。这块残破不堪的刺绣是以罗为底料,仔细辨认不难看出有花卉题材的刺绣,经过千年的封存颜色依旧鲜艳。针法虽不十分细腻,但给人一种质朴大气之感,相比于早期的刺绣作品,花鸟形象已有较大提升。

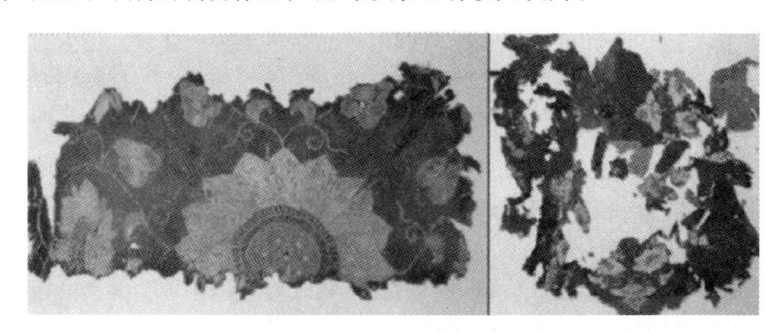

图3-1 苏州虎丘塔中的刺绣经帙

(2)明清时期的苏绣

明清时期江南市镇经济的发展、已充分开发的江南农业资源、饱和的人力,这些因素都刺激着经济开发向手工业商品方向发展。太湖流域、杭州、湖州及嘉兴等地逐渐成为桑蚕等专业性作为的重要产地,这些为苏绣的繁荣发展提供了推动力。[②]

[①] 吴县地方志编纂委员会编. 吴县志[M]. 上海:上海古籍出版社,1994:110.
[②] 刘石吉. 明清时代江南地区的专业市镇[M]. 北京:国社会科学出版社,1987:99.

明初之际，妇女的服饰尚不轻用绣花，其后，缙绅之家渐有讲究，常以锦缎装饰朱翠华服。到了明末，上流阶层富家子女服饰大都刺绣精致，图案典雅。对此叶梦珠在《阅世编》中有着如下记载："余幼见前辈内服至最美者，有缂丝、织文。领袖襟带，以羊皮金镶嵌。若刺绣则直以彩线为之，粗而滞重，文锦不轻用也。其后广织文、缂丝等，而专以菱纱堆花刺绣。"①

及清顺治以后，市井妇女大多都穿罗绮、绣团花的境况有记载如下："绣初施于襟条以及看带袖口，后用满绣团花，近有浓墨淡花，衣俱浅色，成方块，中施细墨，一衣数十方，方各异色，若僧家补衲之状，轻便潇洒，恐非象服。"②

从这些记载中可以看出，明中叶以后世人对精致物品的追求，因此苏绣在此阶段得到了大发展。值得注意的是，明代的文人画家沈周、唐寅、文征明等人在书画与工艺市场中拥有相当的影响力，这群文人多聚集于江南地区，特别是苏州，奠定该地成为明清时期艺术市场与流行时尚指标的地位。文人与职业工匠的交好则促成了工艺发展更显雅致的风格，受到文人画的影响，苏绣也逐渐从实用性日用品转换为观赏性艺术品。

清代是苏绣发展的全盛时期，苏绣已经广泛运用在社会的各个阶层。皇室贵族是苏绣的大客户群之一，他们往往对苏绣要求繁琐而细致，称之为"宫廷绣"。据记载："有清一代，吴市为绣业策源地，故宫廷有织造之官，常驻苏城，以采备绣货贡品为职，上自宫阙，下迄庶师以及仕官之幸服，莫不以绣货为章身之彩黼黻，此苏绣之全盛时代。"③

为了满足皇室对苏绣巨大的需求量，朝廷在苏州还设有专门的采办处，派遣专差采办苏绣，缂丝等。《苏州制造局志》中记载："制造局人例所官三名，总高手一名、高手一十二名、管工一十二名…管色绒二名、管花本二名、捡绣匠八名、花素机匠一千一百七十名。"④

专为皇室刺绣服务的人就多达一千五百名之多，可见当时皇室对苏绣的需求量之大。

在清代，民间苏绣样式种类繁复，被大量用于家居、服饰、门帘、配饰等方面（如图3-2）。得益于苏州商品经济的发展，民间有专门经营刺绣的商户，后逐步形成一大产业。到光绪年间，苏州专营苏绣的绣庄已经多达一百五十多家。有些大的绣庄甚至有自己的广告标语。广东民间工艺博物馆馆藏的彩元绣庄广告纸记录了这一现象："本号承办进呈入贡各等绣货，专办各省文武蟒袍，珍珠补褂，朝衣朝裙，女蟒霞珮，各式挽袖，花边裙花，宫粧云肩，旗粧绣货，珍珠翎毛，洋金古龙，缂丝捌纱，拉锁顾绣。大小满汉荷包、朝带，上绣翎毛、花卉、鸟兽、亭台、楼阁、山水、人物。围屏寿幛、桌上插屏、斗方、挂屏、炕上围屏、大小座屏、中堂对联、条幅挂屏、簷彩铺垫、被褥帐

---

① [清]叶梦珠撰. 阅世编10卷[M]. 上海：上海古籍出版社，1981：94.
② [清]叶梦珠撰. 阅世编10卷[M]. 上海：上海古籍出版社，1981：94.
③ [清]钱止庵辑，孙鸣庵辑. 吴门补乘；苏州织造局志[M]. 上海：上海古籍出版社. 2015：25.
④ [清]孙佩编. 苏州织造局志12卷[M]. 南京：江苏人民出版社. 1959：65.

簪、灯襚幛襚、洋金银线、时款裤带、翎毛团扇、栏杆衣边、胭脂宫粉、绒线杂货，一应俱全。"

图3-2 《石青地苏绣花卉纹挂屏一对》清嘉庆 作者不详

还有一部分江南名门闺秀通过刺绣怡养性情，聊以自娱，其作品风格典雅，清新脱俗，题材多取于古代名家画作，潜心数年而成一作，称之为"闺阁绣"或"画绣"。闺阁绣中的名家辈出，历史上记载的有：钱慧、沈关关、赵惠君、曹墨琴、薛文华、丁佩等人。其中，丁佩的刺绣在江浙一带闺秀间享有耀眼的成就，她著有《十二梅花连理楼诗集》《女红传徵略》《萝窗小牍》《刺绣源流述略》，所著《绣谱》一书是第一部刺绣工艺理论专著，她在《绣谱》序言中写道："刺绣古无成书，兼之闺阁见闻浅隘，偶有所得，亦第师心自用而已，挂一漏万，难免贻讥，是在慧心人触类旁通，即以此为秕糠之尊可耳。"[①]

丁佩的自白，填补了刺绣之技在历史上无记载的遗憾，并为名门闺秀树立了典范。她还强调以书画辅助刺绣构图，革新了此前装饰绣过于呆板的图像与风格。而藉由绣线所营造的山水景致立体分明之感，则使刺绣补充了中国水墨绘画结构与画料媒介之不足，更能凸显远山近水之姿，波光粼粼之态。她显然将刺绣区别于服饰上的装饰，将刺绣提升到一个更高的层面。

（3）近代苏绣

鸦片战争的爆发打破了中国自古以来的社会秩序，与此同时来自西方的先进科学和艺术文化开始进入这个古老而又传统的国家，固守传统的传统中国美术迎来了转机，工艺美术也顺应历史潮流有了突破与发展，在此时期，苏绣行业出现了一批具有创新性的人物，沈寿和杨守玉是其中的代表人物。

沈寿，1874年出生于江苏吴县，她从小便对书画刺绣展示出强烈兴趣，成年后去日本考察美术学院教学情况，吸取借鉴了日本美术学院办学成功经验。回国后，她积极投身苏绣行业，自此开启了苏绣艺术史的新篇章。她将日本工艺美术及西方绘画原理中习得的知识加以融会贯通，创造了仿真绣。仿真绣吸收了西方绘画中明暗关系、色彩等

---

① [清]丁佩. 绣谱[M]. 济南：山东画报出版社，2019：34-45.

原理等方法，推动了传统刺绣技术的新发展。这种刺绣新技术一经推出就引起了巨大轰动，她的作品《耶稣殉难像》（图3-3）于1915参加了美国旧金山国际博览会，并且赢得了一等奖的殊荣，此次获奖为中国刺绣在世界艺术市场中博得了满堂彩。在理论方面，她将自己从长期刺绣中得来的经验，经口述由张謇记录创作出了专著《雪宧绣谱》，为中国刺绣史留下了重要的理论资料。另外一位刺绣艺术家杨守玉另辟蹊径，发明了乱针绣，与传统排线齐整、针法紧密的技法不同，创新运用长短各不相同，相互交叉、多层次的方式绣制人物或景物，以独特的针线组织方式，为中国刺绣史留下了浓墨重彩的一笔。

图3-3 苏绣《耶稣受难像》（局部） 年代：1913 作者：沈寿

苏绣技术的创新发展加之国门被迫打开，原先仅供内销的苏绣进入了国际贸易市场，苏绣市场迎来了发展的高峰。根据《苏州洋关史料》记载：苏州于1896年正式设关，当年苏绣出口一担，货值八百六十七关平两；1904年，出口达七十六担，值五万八千零二十四关平两；从1896至1931年，共计出口丝绣品一千两百六十三担。[①]

苏绣越来越受到西方人的青睐，民国作者杨夏记录了他在博览会期间对刺绣展出的观察："中国绣品价值一跃居及高地位，乃外人之来中国购求贩卖者益多，数千金一小幅，引为常事。故西洋数次博览会，中国绣品必获极高褒奖，且视为地球上第一等物也。"[②]

至此，苏绣从传统的闺房女红劳作加入了世界贸易市场的大浪潮中，实现了华丽转身。苏绣逐渐成为中国名片，成为对外经济、文化交流的礼品、展品，这也为现代苏绣的发展奠定了良好基础。时至今日，苏绣仍在代代相承，并被列入第一批国家级非物质文化遗产名录。两千多年的时间里，苏绣的面貌不断演变，以其独特的吴地风情和绣工艺术名列中国四大名绣之首，享誉盛名。

（4）苏绣的发展现状

今天的苏绣也遇到了生存问题和发展瓶颈。首先，苏绣绝大多数作品不具备实用价

---

① 陆允昌编. 苏州洋关史料（1896-1945）[M]. 南京：南京大学出版社，1991：179-180.
② 苏克勤，陈泓，校注. 南洋劝业会报告[M]. 上海：上海交通大学出版社，2010：123.

值，更多的被视为艺术品，居高的价格只能满足小众消费需求。其次，随着经济的发展和时代的变革，人才短缺问题很大程度上影响到苏绣的传承和发展。最后，传统苏绣产业没有形成一个闭环的产业链。由于传统行业长期以来形成的一个固化的经营圈，导致整个产业链缺失营销、设计和创新环节，对接不了新时代的审美，无法满足当下日益增长的物质和文化需求。苏绣需要紧跟时代步伐，在文化创意大发展的今天，重新定位，寻找新的发展机遇。

（二）苏绣的艺术特色

1. 针法丰富

"针法是刺绣中运针的方法，也是刺绣线条组织的形式。"[①] 每一种针法都有一定的组织规律与独特的表现效果，针对不同的对象选用不同的针法，能够体现所绣对象的质感。一件优秀的苏绣艺术作品可能同时运用数十种针法，例如花卉部分多采用套针绣法，因为套针长短交替、组织灵活，更易于表现表现花瓣颜色渐变的特点；绣制人物的发髻，衣服的褶皱多采用滚针法，滚针法两线紧密，连成条纹，线条转折也比较灵活；绣平远山水景色，多采用虚实针法，此针法针稀线淡，更易于表现平远辽阔的山水氛围。"苏绣的针法十分丰富，从最初的锁针和奇针开始，它伴随着苏绣艺术的发展得到了不断补充。"[②] 根据李娥英的归纳与整理，传统苏绣可分为七大类，共计四十余种，如下表3-1。

表3-1 传统苏绣技法分类

类别	针法		简介
平绣	齐针	齐平针、斜平针、缠针	花鸟、人物，山水等图案都以齐针为基础
	抢针	正抢针、反抢针、迭抢	适用于花果图案纹样，讲究所绣对象的颜色递进关系
	套针	平套、散套、集套、活毛套	线条高低参差排列，分皮进行，皮皮相迭，针针相嵌
	参针	掺和针、施针	针迹显露，不受色彩层次限制，适用于人物、书法、树石等
条纹绣	接针、滚针、切针、鞭子股、锁绣、平金、盘金		线条为单行，适合绣人物的头发、动物的毛丝、衣服的褶皱等
点绣	打子针、结子针、拉尾子针、绕针		用线条绕成粒状小圈，组成绣面
编绣	结边针、戳纱、格锦、鸡毛针		利用经纬线通过编织绣出不同的花纹，适用有规律的连续性图案
网绣	网绣、冰纹绣、十字桃花绣、桂花针		花纹清新透丽，图案灵活
纱绣	纳锦、打点绣		用纱作为底，照眼格数进行刺绣
辅助针法	扎针、刻鳞针、施毛针、蜘蛛针、刺针等		配合其他针法使用

[①] 李娥英. 苏绣技法 [M]. 北京. 轻工业出版社，1965：20.

[②] 王欣. 当代苏绣艺术研究 [D]. 苏州：苏州大学，2013：36.

以上大多是传统苏绣所用技法。近代，一些苏绣大家利用巧思对传统针法进行加工、创新，创造出了新的苏绣针法，乱针绣是其中最具创新性的新针法。由杨守玉所开创的乱针绣，成功地结合了西方绘画概念与中国传统刺绣技艺，是刺绣与绘画结合的综合艺术。乱针绣注重线条的变化，乍看之下线条凌乱，但其中却乱中有序，有一定的针法与画理。相较于传统刺绣给人精工缜密的感觉，乱针绣打破了旧有既定技法，给人以活泼不羁的感受，创作者可以自由呈现其创作。乱针绣的出现丰富了苏绣技法，并在中国刺绣史上留下了浓墨重彩的一笔。

2. 题材广泛

苏绣绣品题材丰富多样，根据表现内容的不同可以将其分为两类，一是民俗题材，二是画绣题材。

（1）民俗题材

在苏绣发展极盛的清朝，人们日常生活中苏绣的影子随处可见。曹雪芹在《红楼梦》中提到的绣品多达 40 种，涵盖了日常生活起居的方方面面。这些日常用品大都绣有象征祥瑞的奇花异草，飞禽走兽，神话人物等。婴儿周岁时，衣物上会绣有猪嘴、猪鼻和猪眼，寓意好养，少病少灾；小孩的虎头鞋，虎头衣上会绣有蛇、蜈蚣、蝎子、壁虎等"五毒"图案，寓意老虎护佑，百毒不侵；婚庆中，新人会穿上绣有牡丹、凤凰的大红裙，象征着富贵吉祥，繁荣昌盛；"百子被"会绣天真无邪的男童，象征着早生贵子，人丁兴旺；桌围椅披绣有《麒麟送子图》，寓意连生贵子，千秋万代；"发禄袋"悬挂在洞房的新床上，绣有寿桃、佛手瓜、祈愿新人福禄双全，寓意福绿寿喜；死者会穿上绣有各色莲花的寿鞋，寓意"脚踩莲花步步高，阴曹路上好风光"[1]。

这些贴近生活的绣品寄托着百姓对生活的美好期待，也让民众的生活更加丰富多彩，充满趣味与活力。而绣品本身凝聚着浓郁的地方特色，使其成为富有意蕴的传统文化载体，源远流长。

（2）画绣题材

苏绣中具有欣赏价值的艺术品不强调作品的实用性，更看重审美性与装饰性，这种单纯追求审美性的刺绣艺术可将其称之为画绣。最初画绣多以佛像为主要题材，这是因为随着魏晋南北朝时期佛教传入中国并逐渐兴盛，人们为了随时礼佛而产生的。

到了明清，画绣与苏绣开始更为紧密的融合，画绣在绣稿、针法、用色等方面都有着不同于民俗题材的独特要求。它的底稿主要来自古代名家书画，通过苏绣这一独特表现方式来达到书画作品所呈现的笔墨效果，内容涉及宗教、书法笔墨、山水风景、花鸟虫鱼、人物肖像等诸多方面。这种题材的苏绣作品中还会出现人物题跋、作者押印，是集绣、诗、书、画、印五位一体的融合。《韩希孟宋元名迹册》便是取材自宋元名家的《洗马图》（图 3-4）、《葡萄松鼠图》《米家山水图》《补衮图》《瑞鹿图》等绣品

---

[1] 孙佩兰. 吴地刺绣文化 [M]. 南京：南京大学出版社，1997：34.

典雅朴素，为历来绣品所不及。另有顾氏完成的《枯木竹石》，取材自倪云林的山水画册，绣朽木、湖泊山水，构图清远辽阔，气质典雅。《无声诗史》中便有对顾氏女眷刺绣大加赞扬的描述："刺绣极工所绣人物、山水、花卉，大有生趣。字亦有法，气韵生动，得其手制者，无不珍袭之。"[1]这些绘画通过刺绣的方式得到了全新诠释，让人们获得了刺绣与丹青的双重审美享受。

图3-4 苏绣《韩希孟宋元名迹册·洗马图》年代：明崇祯 作者：韩希孟

3. 审美雅洁

王鏊在其主编的《姑苏志》中，将苏绣的艺术风格总结为"精细雅洁"[2]，高度概括了苏绣所蕴含的艺术特色，首次提出"苏绣"这一概念。到了清代，丁佩在其专著《绣谱》一书中提出了"齐、光、直、匀、薄、顺、密"[3]七字诀，全面总结了苏绣的基本特点和规律，成为后世专家创作和研究苏绣的基础理论。今天我们在欣赏一件苏绣艺术品时，对它的评判仍然围绕以下几个要点。

（1）精细缜密

针法是苏绣的基础，布丝运针的精细缜密是绣制精品的关键所在。"精"意味着要对各种针法精通，有精深的认识和研究，可以根据不同的表现对象灵活运用不同针法，以此来增强艺术表现力。例如，当绣制一条游动着的金鱼，为了能够精准地表现出它在水中轻盈的动人姿态，它的头部、身体以及鱼鳞三个部分要分别要采取不同的针法，力求表现出金鱼各个部位不同的质感。因此，除了精通苏绣针法之外，还应该对表现对象有精细的观察，观察它在不同环境、不同姿态下所呈现出来的质感区别。对表现对象细致入微的观察，加上精通的针法，是创作优秀苏绣作品的必备条件。

"细"是指对表现对象细致入微、细心谨慎的刻画。当欣赏被赞誉为"女中神针"

---

[1] [清]姜绍. 无声史诗[M]. 上海：华东师范大学出版社，2009：42.
[2] [明]王鏊.（丛书）四库全书[M]. 北京：商务印书馆，2005：309.
[3] [清]沈寿口述，张謇整理，王逸君译注. 绣谱[M]. 济南：山东画报出版社，2019：46.

韩希孟的刺绣时,其作品的精细程度常常令人叹为观止。在表现被虫子啃食的枇杷画面时,我们能清晰地看到叶片残缺的边角,不远处果子上的小虫隐约可见,仿佛刚爬过去,其绣品的精细程度可见一斑。

苏绣作品要达到这样精细的程度,必须具备高超的技术,即绣线劈丝技术。劈丝指的是苏绣用线中分线的技巧,比如一根丝线按丝缕可以将其分成二股、四股、八股、十六股,甚至更多。股数越大,线就越细。线越细,越有益于精细刻画对象。在绣制动物花鸟时,丝线可以劈到一丝,即十六股,用来绣出翎毛的层次感。绣制侍女的五官时丝线甚至更细。据《清秘藏》叙述:"宋人之绣,针线细密,用线一、二丝,用针如发细者为之。设色精妙,光彩射目。"[1]

"密"是指要把被刻画对象绣得缜密、紧实。上文提及刺绣的线可以被劈得很细,这些细如游丝的线,只有绣得足够紧足够密,才能达到密实的效果。虽然千丝万缕,千针万线,但绣成后的绣面依然光亮、平滑,就像平静的湖水一样,这是需要长时间的实践练习才能掌握的技艺。

(2)雅洁光顺

雅洁光顺是对绣品整体观感提出的要求。"雅洁"一方面是指绣品颜色要简洁、雅致,另一方面是指绣品题材要立意要高雅。以书画入刺绣是苏绣"雅洁"的一个表现。明代,苏州"吴门四家"崛起,他们诗书画印样样精通,与此同时整个姑苏地区文化繁盛,因而吴地刺绣深受文人画家的影响。题材上,他们以文人的书画作品为表现对象;工艺上,以丝代笔传达绘画精神。期间,涌现出了一批具有文艺修养的绣刺绣艺术家,最具代表性的当属顾氏女眷、缪氏、韩希孟、顾玉兰等人。可以认为,苏绣与文人画的结合,造就了其高雅、精致的特色。

"光顺"是对绣品光线方面的要求。由于丝线本身具有光泽感,绣绷上的物象会因为光影的不同而产生明暗变化。因此,苏绣艺术家对细微处光影变化的处理技巧,是苏绣技艺特色之一。"顺"是指顺着丝理排列的方向施绣,目的是使绣品光彩可鉴。"丝理"是对反射原理的巧妙运用,能否娴熟运用该技艺成为判断苏绣技艺高低的关键。

(二)苏绣在文创产品中的开发应用与服务设计

1. 苏绣文创产品研发的创新思考

(1)走出传统思维,让苏绣文创更具实用性

从目前来看,苏绣的产品开发仍然十分保守。苏绣作为艺术品"高高在上",依然被贴上了小众文化的标签。在这个科技与文化融合的时代,小众文化产品显然已经无法适应文化产业的大众化目标。对于从事苏绣衍生品开发的文创工作者而言,首先要转变目标群体,着眼更大众化的消费市场,研究大众审美与消费习惯,按消费群进行产品开发的类别区分。其次,苏绣文创品开发应强调艺术与实用性并重。实用性是文创产品设

---

[1] [明]张应文撰,许大庆编著. 清秘藏[M]. 沈阳出版社,2016:123-132.

计的基本要求之一，它与艺术性一样，都是消费者购买产品时的考虑因素。目前，绝大多数苏绣产品，仍是以传统镜框装饰品和家居摆件为主，在产品的实用性上还需要创新和突破，满足更多人的生活实际需求。苏州刺绣大师薛金娣，以"梨花双燕、玫瑰之约、姹紫嫣红、暗香疏影、丁酉鸡"等为主题，设计出了二十多款刺绣手表（如图3-5），结合了苏绣的工艺、图案等元素，成为兼具实用性和艺术性的文创产品。最后，苏绣文创品的开发可以借力苏州成熟的旅游市场，快速提升自己的品牌知名度。苏州是文化旅游大市，每年接待国内外约800万游客，这是一个非常庞大的消费群体。可以从旅游品开发入手，打造一批具有苏州特色、价格亲民且具有实用性的苏绣文创旅游产品，让消费者看得见、买得起、带得走。通过扩大旅游消费群的方式，培养大众对苏绣的文化认知，在市场形成一定的品牌效应，最终实现产品研发、生产、销售的良性循环。

图3-5 苏绣手表

（2）丰富和创新应用载体，让苏绣走进大众生活

当今社会，经济和科技水平得到了迅猛发展，产业间的融合度越来越高，传统苏绣的应用载体也是越来越广泛。除了传统的服饰和配饰应用之外，还可以进一步拓展其它品类的应用。比如，原来以传统服饰和配饰为主的刺绣产品，已经拓展到了卫衣、T恤、衬衫、牛仔、睡衣等日常服饰上，受到年轻一代的喜爱。著名的潮牌服饰"ONIARAI"（鬼洗），以刺绣服饰作为其品牌特征，全系列服绣以鲤鱼、仙鹤、水纹和文字等传统图形，特色明显，从视觉和触觉上带给我们一种传统文化的慰藉，深受大众喜爱。另外，传统苏绣和现代科技产品也"碰撞"出了创意的火花。张雪与著名耳机品牌合作，将刺绣艺术用在了新开发的头戴式耳机上（图3-6），给科技赋予了传统手工艺的温度，成为艺术与科技跨界融合的典范。同样，一个日本手机配饰品牌"SKINARMA"，把鱼、水纹、云等局部纹样用在了手机壳（图3-7）的外观设计上，让原本单调的手机壳，在视觉和触感上都得到了审美的提升。当然，苏绣还可以创新更多的应用载体，如居家生活类、文具类、饰品类以及美妆类。苏绣代表人物姚建萍，将苏绣艺术与时尚、生活、设计等结合，推出了一系列创意产品，全方位满足大众对苏绣生活美学的所有想象及消费需求。其中，产品《兰意》（图3-8），将兰花绣于新中式的沙发上，完全突破了传统刺绣的使用载体，让家具更具艺术性。苏绣与首饰也"碰撞"出了火花，姚建萍与苏州博物馆联名打造的一系列刺绣首饰设计（图3-9、3-10、3-11、3-12），让首饰呈现出更加柔美的江南韵味。至此，苏绣艺术不再"高高在上"，而是成为大众接受的生活

穿戴,真正融入了人们的生活。

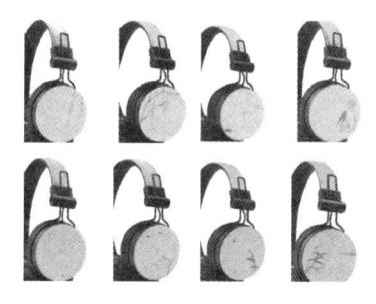

图 3-6 苏绣元素头戴式耳机

图 3-7 苏绣纹样手机壳

图3-8 苏绣创意家居作品——《兰意》

图 3-9 刺绣首饰　　图 3-10 刺绣首饰

图3-11 刺绣首饰　　图3-12 刺绣首饰

（3）创新形式和内容,强调文化内涵,提升产品核心竞争力

首先,苏绣取材广泛,其本身的文化内涵非常丰富。苏绣分为图案绣和画绣两种。图案绣的内容主要与生活场景、神话传说、文学作品、戏曲故事相关。其中,瑞兽图案主要以龙、凤、麒麟和狮子为主;禽鸟主要有锦鸡、孔雀、喜鹊、鸳鸯、凤凰等;花草主要有海棠、牡丹、山茶、芍药、蜡梅等。此外,还有许多组合在一起的吉祥图案,如

"喜上眉梢""金玉满堂""龙凤呈祥""平升三级"等。苏绣文创产品的研发,更多地需要表现文化寓意与内涵。苏绣作品中应用最多的是传统吉祥纹样,这些图案都具有美好的寓意,形式和内容非常适合现代文创品设计。比如传统图形中的鹤(象征长寿)、蝙蝠(象征福运)、祥云(象征吉祥)、石榴(象征多子多孙)等,具有浓郁的地域特色和传统文化意趣。这些图形可以通过局部设计,直接绣在产品的外观上。例如,故宫《蝠鹤佳音》睡衣系列套装(图3-13、3-14、3-15),将故宫畅音阁内天花板上的仙鹤与蝙蝠纹样进行提取,用中国传统色彩进行重新设计,在睡衣的胸口和下摆进行局部刺绣。整套睡衣既穿着舒适,又寓意美好。胸前的蝙蝠从天而降,仙鹤栩栩如生,表达了:"(福)蝠服如意,(贺)鹤合佳音"的美好心愿。

图3-13　　　　　　图3-14　　　　　　图3-15
故宫《蝠鹤佳音》睡衣系列套装

其次,苏绣的内容表现,可以传达产品背后的人文情怀。笔者实地调研,发现苏州的旅游文创店有各类以苏绣为名的挂饰和名片夹,绣以花、鸟、鱼、兽等图案。原来,自清代开始,江南地区流行一个传统——发禄袋。发禄袋一般悬挂于房门和床账四周,刺绣图案主要有万年青、石榴、寿桃、荷花、蝙蝠等,表达家道兴隆、长命百岁、青春常在、子孙绵绵之意。从清代开始,南方地区还有佩戴刺绣名片袋的习俗,名片袋不仅有装"名帖"的功能,更是通过上面的精美图案,彰显主人的身份地位和文化修养。所以这类产品的设计,不仅考虑实用性,迎合当代人对实用性的追求,更是让消费者了解到产品背后的文化内涵,传达了江南的人文特色,凸显了苏绣的文化寓意和艺术品味。

最后,从用户体验的角度创新苏绣文创品的开发。现在的产品设计,都会考虑到用户的使用体验,让用户通过自己DIY,创作出属于独一无二的刺绣作品,并在日常生活中使用,达到更好的文化传播作用。刺绣品牌"王的手创"开发了一系列基于苏绣的手工DIY文创产品,主要有荷包、挂件、镜子、耳环和包包(图3-16、3-17、3-18)。产品设计非常新颖,深爱年青女性的喜爱。产品不仅设计美观,还配有详细的刺绣技法说明和刺绣工具,如绷框、线、针和图案的线稿图等(图3-19)。消费者在DIY的时候,既能认知和了解苏绣多变的技法和针法,感受苏绣平、齐、细、密、和、顺、光、匀的艺术特色,又增加了传统手作的乐趣(主要是静心解压的作用),创造出不一样的产品使用体验,这是一种非常成功的产品开发思路。

图3-16 苏绣荷包　　图3-17 苏绣包包　　图3-18 苏绣耳环　　图3-19 初学者入门钥匙

2. 感知体验理念下苏绣工艺文创产品的设计应用分析

感知体验理念将感觉和知觉机制相结合，设计人员从视觉、听觉、嗅觉、味觉等多种感觉系统入手，创新体验维度，打破产品原本单调的体验方式，提升了苏绣文创产品的设计开发水平，展现了苏绣的魅力。

（1）设计原则

将感知体验理念融入苏绣手工艺文创产品的开发设计，既要考虑苏绣文创的特性，如工艺、审美、内涵、神韵等，又要考虑感知体验在苏绣产品中的体现方式，要求其充分符合产品特征与消费者的认知，在审美、使用、感知和体验上平衡好传统与现代的融合关系。在理解感知体验理念的基础上，笔者认为将苏绣融入工艺文创产品需要遵循以下几个原则。

①感官化原则

具有装饰性和美观性是传统苏绣的重要特征，设计人员需要丰富苏绣产品的感知体验形式，以直接的方式使产品与用户建立联系。增强产品的感官化特征有利于增强使用者与产品的感觉互动，如常见的视、听、触、嗅、味五种感官（以下称"五感"）。这要求设计人员在设计中找出消费者对产品的感官触发点，并能够根据这些潜在的触发因素进行深化设计，以最大程度地提升产品的感官化程度，深化产品与使用者的互动。每一种产品都可以被感官化，而不同类型的感觉起到的作用和意义均有所不同。

②地域文化性原则

开发与设计文创产品的意义在于传达具有特殊含义的文化精神和价值，正如每个地域都拥有独一无二的文化特色。文创产品是表现文化的载体，其具有独特的地域性和文化性。这种地域性和文化性需要通过相关的设计符号加以体现，同时，文创产品还应具备较高的文化辨识度。

③功能化原则

与普通的产品相比，文创产品具有一定的文化底蕴，但归根结底，文创产品依然属于商品，仍是为满足消费者使用需求、贴合大众基本生活需求而开发设计的产品。倘若把文创仅作为观赏品或装饰品看待，其受众则相对较少。缺乏实用功能的文创产品难以更好地服务消费者，也难以真正受到消费者的青睐，往往会被市场边缘化。

(2) 设计方法

基于上述设计原则，笔者总结出感知体验理念下苏绣工艺文创产品的具体开发策略和方法，并辅以对应的现实案例，以进一步探索相关策略对文创产品设计实践的参考性和适用性。

①多感官组合法

多感官组合法是一种增强产品感官化特征的方式。一般而言，"五感"常常是相互影响、促进的，产品的使用离不开"五感"的作用。因此，多感官组合法要求设计人员充分运用感知机制，把握不同感觉的作用与相互间的关系，灵活运用五种感觉刺激，从而增强产品的体验效果，丰富用户对其的体验。

②主题情境法

在触发感知并营造体验时，构思精美且适当的主题是重要的一步，对于苏绣工艺文创产品而言也是如此。主题在产品体验中是激发使用者想象的催化剂，如果能够恰如其分地表现产品的主题，则能让使用者从中建立联想。美好积极的联想可以帮助用户在使用产品的过程中留下难忘、持久的回忆。

③情感设计法

情感化设计的目的是迎合消费者的情感需求，通过巧妙的设计感染他们，使其参与体验。一旦使用者的情绪、反应受到调动，其便能因此获得相应的情感（温和的、愉悦的或激烈的），进而提升产品的心理附加值。正如目前越来越多的设计开发者开始发挥情怀在产品中的效应，众多年轻人逐渐接受怀旧式的设计风格。具有怀旧风格的产品往往能唤起消费者关于青春的回忆，在心理层面上给予其安全感和信任感。文创产品同样也需要富有感染力，向消费者传递一定的文化情怀，丰富其情感体验。

苏绣是中华民族最具特色的文化遗产，也是苏州最亮的一张名片。苏绣在现代社会的传承和发展，需要我们突破传统思维。在文化产业蓬勃发展的今天，让苏绣艺术与文创产业进行融合与碰撞，打造一批实用性和艺术审美兼具的特色文创衍生产品，通过不断丰富和创新苏绣的应用载体，挖掘和传承传统文化内涵，创新表现形式，才能让苏绣符合现代审美，进入大众生活，展现其独特的艺术魅力。

将感知体验层面的理论应用在传统手工艺文创产品设计的实践探究中，立足于当下苏绣文创产品设计发展情况，以现代设计思维重新思考工艺文创产品形式，有助于让消费者更好地感受苏绣传统手工艺文化，利用产品诉说文化故事，让用户从产品中感知工艺文化的内涵，让文创产品融入现代生活，促进中国传统手工艺的可持续发展。

二、蜀绣在文创产品中的开发应用与服务设计

(一)蜀绣的历史沿革与地域文创产品分析

1. 蜀绣的历史沿革

(1) 从历史遗迹看蜀绣的发展变革

蜀绣作为我国最具民族特色的手工艺术,随着人们美化生活的需要应运而生,发展到现在已经有3000多年的历史。关于蜀绣最早的文字记载出自于西汉文学家扬雄在《蜀都赋》[①]中"若挥锦布绣,望芒兮无幅"的记载,后其又在《绣补》一诗中对当时蜀绣的技艺进行高度的赞誉。从以上史料记载足以看出汉代蜀绣业已发展成规模,市场空前繁荣。发展到晋代,史学家常璩在《华阳国志·蜀志》中记载蜀地的珍奇异宝,把蜀绣、蜀锦和金银等稀有珍宝一并列入蜀地名产。到唐代已经能制作出优美华丽的刺绣品。据传说,唐代由于民间普遍使用刺绣,唐玄宗曾下诏令,禁止民间用绣。到宋代,《全蜀艺文志》[②]记载宋时:"蜀土富饶,丝帛所产,民制作冰、纨、绮、绣等物,号为冠天下",说明此时蜀绣经世代相传技艺日趋成熟,其风格也逐渐形成水平。传世实物《双冠图》挂屏(现藏于西南大学)绣的是一株鲜艳的鸡冠花和一只雄赳赳的公鸡,经鉴定,认为是北宋蜀中所产,针法特点与目前蜀绣一脉相承绣工精细,如图3-20所示。这也是现存于世最早的蜀绣作品。到明代,由于对棉布和其他织物进行大规模的使用,也使得蜀绣得到大幅度发展。1982年3月,今重庆市江北区北城洗布塘街发掘出元末农民起义领袖之一大夏国创始人明玉珍的墓,出土的文物中有一件刺绣的龙袍,如图3-21所示,前后均绣团龙,采用的是蜀绣针法。据考证,这是明玉珍在重庆建立大夏国政权所穿的龙袍(现藏于重庆三峡博物馆),也是迄今蜀绣作品中罕见的珍品。到清代,蜀绣进入了蓬勃发展时期。清光绪二十九年(1903年)在今四川省成都市建立了"劝工总局"(如图3-22所示),以促进蜀绣生产,聘请当时知名的蜀绣手艺人来研究蜀绣的样式和工艺,因而当时蜀绣的品类有着较大的发展和丰富,绣品种类除日常绣品外,又增加了画屏、斗方、中堂等工艺品,同时出现了一大批誉满全球的蜀绣杰出作品,例如赵鹤琴的花鸟、杨建屏的荷花(如图3-23所示)及张致安的虫鱼等,使得蜀绣的艺术价值得到极大的提高。当时蜀绣不仅畅销于我国,还远销海外。

[①] 《蜀都赋》为西汉文学家扬雄的赋作,是对四川地区进行了系统、完整的描写,不仅反映了地域特征、经济状况和城市面貌,还有手工技艺、筵宴等习俗——笔者注

[②] 《全蜀艺文志》为明代杨慎所编的一部收录四川地区的诗文选集,共计诗文约1873篇,此书编成后影响甚大,对巴蜀文化的传承有重要意义,全书诗文按文体编排,篇次则以作者的时代先后为序——笔者注

图3-20 北宋《双冠图》　　　图3-21 明代皇帝明玉珍墓出土的窄袖赤黄缎绣团龙袍

图3-22 四川劝工总局（公元 1903 年）　　　图3-23 清代 杨建屏《荷花屏》

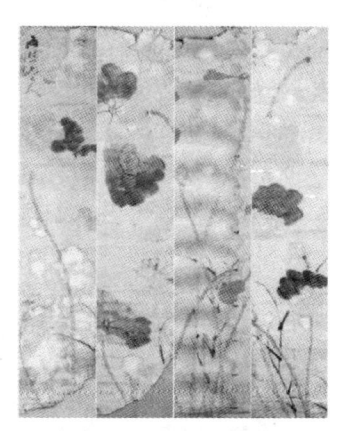

1840年鸦片战争后，随着国外资本的侵入，生产日趋商业化，蜀绣也发生了嬗变，日常用品中的枕套、门帘、服饰以及观赏品中的人物、动物和植物画屏等不仅在国内云南、贵州、陕西、甘肃等地畅销，还大量出口海外市场。抗战时期，我国文化重心南下，大批蜀绣艺人南迁至成都等地，一度出现辉煌局面，但随着之后全面内战的爆发，国内出现通货膨胀、经济崩溃，因而蜀绣用品销路日减，刺绣行业逐年衰落，直到新中国成立后政府才开始重视民间工艺的保护和发展。1966年后，蜀绣又被批判，直到1971年成都等地蜀绣厂才开始陆续恢复生产焕发生机。20世纪90年代工业化的快速发展使得传统手工业衰退，蜀绣相关行业也开始走下坡路，2000年后蜀绣逐渐发展为手工作坊式的生产经营模式。

（2）蜀绣在现代社会的发展

2006年5月，蜀绣被国务院批准列入我国第一批非物质文化遗产名录；2007年6月，国家文化部授予四川省郝淑萍大师为国家级非物质文化遗产项目蜀绣技艺传承人；2008

年，重庆渝中区的蜀绣入选为国家首批非物质文化遗产扩展名录；2009年重庆市康宁被评为国家级非物质文化遗产蜀绣技艺代表性传承人；2009年四川省成都市政府在"蜀绣之乡"郫县安靖镇计划打造将近1000亩地的蜀绣产业园区，为了让蜀绣产业走上产业化、集群化的道路；2012年1月，成都市制定了《成都市蜀绣产业振兴规划纲要（2011—2015）》，对蜀绣产业发展目标进行规划；2012年12月，蜀绣正式被中国国家质检总局批准为地理标志保护产品；2013年，在重庆非物质文化遗产中心的组织安排下，蜀绣等非遗传承人远赴欧洲等国家进行学习交流。自2006年蜀绣被列为非物质文化遗产后，蜀绣的传承和发展也受到了各级政府部门、相关研究人员和社会各界的高度关注，当地政府也出台一系列政策帮扶和推动蜀绣的发展，但目前蜀绣行业创新型、设计型、研发型等相对高端设计人才不足，使得当前蜀绣创新发展乏力。

2. 蜀绣地域文创产品分析

（1）蜀绣文创产品的特殊地位

文化创意产业可以拉近民众与文化的距离，提升生活品质，通过文化、艺术和产业的结合，拓展民众参与文化的深度。近几年随着消费需求日趋个性化，代表着传统文化精神的刺绣行业也成为一种时尚的中国符号，随之国内关于刺绣的文创产品也陆续进入大众消费市场。例如2018年在潮州博物馆举行的主题为"刺绣与当代生活"的刺绣艺术双年展，在展出中众多关于刺绣的家居用品、服装设计、文创产品等受到大众消费者的关注与喜爱。作为我国四大名绣的蜀绣，以其浓郁的地方特点确立了在中国刺绣业的重要的地位。蜀绣属于巴蜀地域具有较高收藏和观赏价值的产品，如今蜀绣已经逐渐成为巴蜀地域除大熊猫外的第二张"名片"，但目前蜀绣文创产品与其他刺绣文创产品相比尚处于起步阶段，因而蜀绣文创产品的开发不仅为我国刺绣文创产品增添新动力，而且也有利于我国地域文化的多样性传承和发展。

（2）蜀绣文创产品的种类（表3-2）

近些年，巴蜀地域大力发展旅游业，公众对于巴蜀的特色建筑、民俗文化、特色文创产品都有着浓厚的兴趣。目前巴蜀地域市面上的文创产品主要集中在各大旅游景区，品类主要分为工艺品和日用品两大类，蜀绣工艺品类中以摆件和挂画居多，约占70%，价格相对日用品较高，多针对收藏家和高端消费人群。日用品主要包含服饰品和床上用品，服饰品有香囊、挎包、钱包、围巾、手帕等，约占市场的25%，价格相对低廉，主要针对普通大众消费群体；床上用品有抱枕和床罩等占市场份额约5%，价格较昂贵，主要针对高端的私人定制消费群体。

表3-2 蜀绣文创产品的主要品类

品类	核心产品	针对人群	功能性	图样
工艺品	屏风	收藏家、高端消费人群	收藏品	
工艺品	挂画	收藏家、高端消费人群		
工艺品	小摆件	普通大众	家居用品	
日用品	服饰类 钱包	普通大众	日常用品	
日用品	服饰类 背包	普通大众	日常用品	
日用品	服饰类 丝巾	普通大众	日常用品	
日用品	床上用品 床罩	高级定制人群为主	日常用品	
日用品	床上用品 抱枕	高级定制人群为主	日常用品	

（3）蜀绣文创产品开发存在的问题

通过实地走访和网络问卷调研，蜀绣文创产品目前面临的问题主要归结为实用性不高、价格高、缺乏设计新意、同质化设计严重以及产品功能性不足，如图3-24所示。

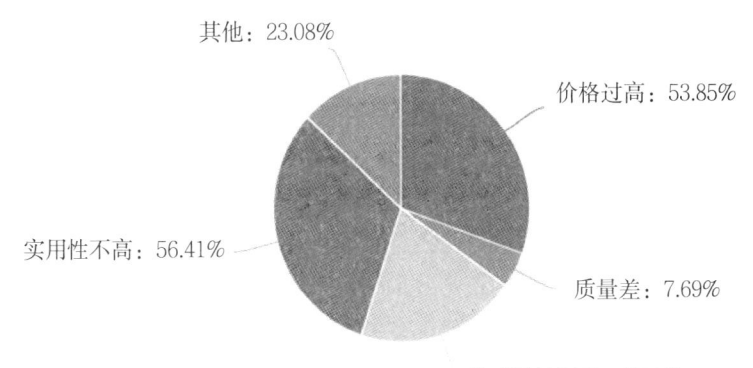

图3-24 蜀绣文创产品存在的问题示意图

①产品功能实用性不足

文创产品主要依托现代社会发展，在传达地域民俗文化的同时还应多一分时尚和实用。好的文创旅游商品归根结底要重视实用功能，贴近大众生活，同时也能够提高生活品质，不能只重视文化轻功能，也不能只有功能性没有文化内涵。目前蜀绣文创产品以工艺品和服饰用品居多，大多数产品沿用传统造型，功能性弱，实用性也不足，因而使得大部分消费者购买后不久便会弃之不用。

②缺乏设计新意

市面上的现有蜀绣文创产品缺乏现代化创新，突出表现在设计的纹样、色彩、和造型上。从纹样上看，大部分产品的纹样依然是传统纹样的描摹，大多以熊猫、锦鲤、荷花等纹样为主，传统纹样多为当时人们对美好生活的向往形成的寓合吉祥纹样，随着社会的发展，人们的审美已发生变化，目前大部分的传统纹样已经脱离现代人的审美观念；从色彩上看，大多数的产品色彩搭配较为艳丽，作为日常生活用品来说很难与现代生活进行很好的配搭；从产品的造型上来看，多数产品沿用传统的仿古造型，且品种单一，自主创新设计的作品很少，制作材料、刺绣工艺、装裱展示方式仍停留于传统形式，无法满足大众多样化的需求。

③同质化设计严重

市面上的蜀绣文创产品雷同性过高，大部分消费者都希望买到比较独特且具有当地历史文化和风土人情的产品，但过于同质化的设计使得人们有种走到哪里都千篇一律的感觉，走到每个蜀绣门店基本都售有相同的产品。甚至大部分产品的渠道都来自沿海等地的批发城，经常会出现一样的产品在不同的店面打上不同的标志进行售卖。这种现象使得随处可见的绣品让游客辨别不出地方产品的独特性，因而失去购物的欲望。

（二）蜀绣文创产品开发应用与服务设计改良创新

随着当前我国传统审美观念的转变和发展，现代审美观念已脱离早期观念中"崇拜"

的含义,更加趋向于感受型的审美观念。对于文创产品来说,在兼具外观的物质形态的同时还应与内涵的精神意蕴和谐统一,在多元化的信息背景下,大量繁杂的信息出现在我们的感观范围内,人们渴望文化性、精神性的信息出现,于是强调简洁化、民族化和个性化的设计应运而生。蜀绣元素作为传统文化艺术元素,其某些特征已经不适应当下社会审美的大环境,日益强调个性化发展的今天,在进行蜀绣元素创新过程中,更应深入挖掘传统文化元素中文化的特性,对纹样的提炼重组、创新的工艺技巧与现代新型材料进行巧妙的结合,来强化产品的视觉效果,从而跟上时代发展的步伐,使蜀绣的艺术价值、使用价值、商业价值和收藏价值都有所突破,最终能以全新的新蜀绣形式展现在大众面前。

1. 材料创新

(1) 绣线的创新

传统蜀绣的绣线常采用天然蚕丝线为主,因为蚕丝线是动物蛋白质纤维,光滑柔软并且极富光泽,可以使所绣纹样色彩多变、立体逼真,但是天然蚕丝线有容易起毛、不耐磨、抗皱性能差、易泛黄等缺点,因此对于绣线可以从以下三方面改良创新。

①传统蚕丝的改良

作为材料界"流量担当"的石墨烯和碳纳米管,这两种碳材料可谓是集万千宠爱于一身,学术界和工业界都对它们青睐有加,通过浸渍、喷涂、旋涂、化学交联等方法将石墨烯、碳纳米管附着于蚕丝表面,可以提升蚕丝的强韧、耐磨等性能。清华大学化学系张莹莹研究团队将桑叶附着石墨烯或单壁碳纳米管溶液,蚕通过食用后吐出的蚕丝强度和韧度比传统蚕丝提高很多,除了石墨烯和碳纳米管的添加,还可以与二氧化硅等纳米颗粒形成复合材料,不仅可以提升蜀绣产品的耐用性,同时可使蜀绣等刺绣产品具有更多的应用潜力。

②新型绣线的创新研究

2017年苏绣传承人陆晓琳与苏州大学材料化学与化工学院合作,通过四年的探索研制出不怕日晒、不怕潮湿、不怕脆化的刺绣新型丝线。新型丝线不仅进一步优化了传统丝线的光泽度,而且使其劈丝顺畅,单丝不毛躁,并提高其耐光、耐晒、耐水、耐磨和耐酸碱等指标。这种新材料对于刺绣产品的保存来说是革命性的,如图3-25所示,目前已研发3000多种颜色绣线,并逐渐实现量产和应用,同时这项技术还获得国家实用新型专利2项、发明专利3项。同时著名刺绣作品《金核子对撞科学图像》由科学家、诺贝尔奖获得者李政道教授、苏绣高级工艺师张美芳和丝绸专家将科学与艺术进行结合研制出一种截面为三角形的异型丝线,替代了截面为椭圆的传统丝线,使绣线经过转折时表现出特殊的光感,被李政道、吴冠中等著名科学家艺术家称之为"神品",如图3-26所示。

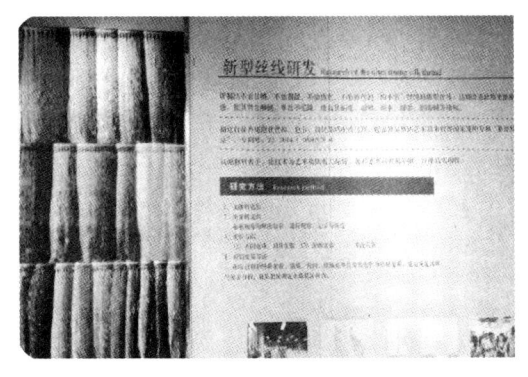

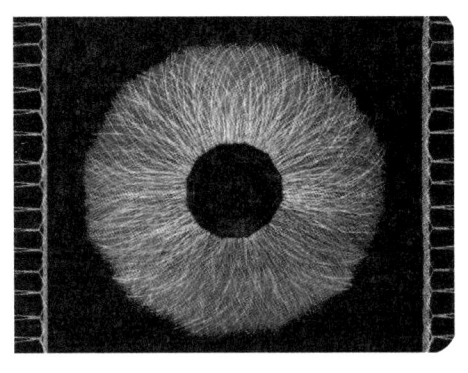

图3-25 陆晓琳与苏州大学合作研制新型绣线　　图3-26 李政道 张美芳《金核子对撞科学图像》

③其他特殊材料的创新结合

在蜀绣绣线材料的创新中，还可以考虑使用皮绳、蕾丝、网纱、珠片、宝石、亮片、金属等多种特殊材料进行刺绣。例如我们在进行某些动物或人物题材刺绣过程中，可以采用宝石的添加来表现眼睛的明亮光泽，不仅使图案更具逼真的效果，也可以增加其收藏价值；同时也可以将皮质材料进行切割处理，制作细皮绳，对局部绣面进行装饰，增强现代时尚感；此外金属线也有极强的感光性，通过金属线可以表现蜀绣产品局部的肌理质感。当然也可以将多种材料进行组合设计，通过特殊绣线的使用创新更多的蜀绣艺术表现形式，展现其现代设计魅力。

（2）绣地的创新

人们常把绣地比作纸张、绣线比作画笔，来描绘刺绣过程，因此刺绣的材质对整幅绣品所表现的效果起到至关重要的作用。传统蜀绣的绣地一般选用天然真丝等布料，在蜀绣创新设计应用中可以突破传统刺绣面料的应用，尝试在化纤面料、棉布、麻布、针织物、欧根纱等材料上进行刺绣。这些面料不仅耐磨，还可以降低一部分成本，同时具有一定的肌理和形态上的变化。

①与麻布相结合

麻布常由苎麻编织而成。夏布又称苎麻布，在我国拥有悠久的历史，2008年经国务院批准夏布织造技艺被列入第二批国家级非物质文化遗产名录。夏布纤维柔韧，质地粗糙，质感如同宣纸，俗话有"麻布袋上绣花，底子太差"，因而在麻布上刺绣绝非容易之事。但夏布结构空间大，易透气好、不容易虫蛀，虽说制作起来不易，但是早在我国北宋便有了关于"麻布刺绣"的记载，属于麻绣技艺的分支绣种，至今已流传千年。在我国夏布之乡——江西新余市，夏布绣非遗传承人张小红将粗犷的夏布与刺绣相结合，在传承的基础上创新夏布绣工艺与针法，形成了夏布刺绣独特的个性，如图3-27所示。

图3-27 张小红 夏布绣

②与欧根纱材料相结合

蜀绣不仅可以绣在绸缎、棉麻等布料上，也可以在网纱等类型的透明面料上进行刺绣，欧根纱也是很好的刺绣材料。作为法国国宝级传统手艺的法式刺绣就是将欧根纱作为其主要面料。欧根纱材质略微偏硬，质地轻盈，通透性很强，能够更好地凸显手工刺绣的美。上海刺绣工艺师祝心聆将刺绣与欧根纱相结合，创作出刺绣作品《青花瓷信》，将欧根纱作为绣地，歌曲《青花瓷》的歌词和古典青花图案作为纹样。作品唯美细腻、通透静雅，尤其是文字的处理极为巧妙，作品无论正面还是反面都精美细致，如图3-28所示。

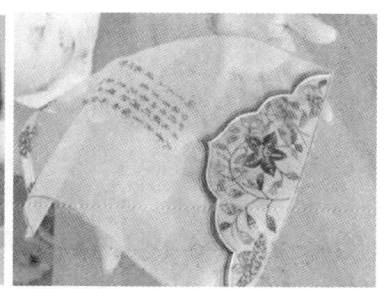

图3-28 祝心聆《青花瓷信》

③与现代新型材料材料相结合

蜀绣绣地的创新设计也可以尝试使用现代流行的变色面料。市面上的变色面料常分为：感光变色面料、感温变色面料、液晶变色面料等面料。变色面料是利用环境温度、湿度、光照等变化，使面料出现由静态的色彩变为动态的效果，将变色面料和蜀绣相结合，并应用到文创产品中，一方面可以扩展产品的应用范围，另一方面将传统与科技织物相结合，设计出更为个性化的产品。

2. 工艺创新

（1）与蜀锦工艺结合

长期以来蜀绣、蜀锦两种工艺是分开的，蜀锦是将丝线进行纺织形成图案和纹样，蜀绣是通过针线在布上绣制产生纹样，所以可以兼容蜀绣、蜀锦两种工艺的优势：在蜀锦上织出基础底色，然后再用刺绣方式绣制主体图案，以此发挥二者所长，并达到锦绣合璧的效果。蜀锦绣工艺结合一方面使得蜀绣展示出全新的视觉效果，另一方面通过两者结合也可以使传统蜀绣文创产品批量化生产，因为蜀锦多用机械化设备纺织而成，制作周期短，成本低，与蜀绣结合可以极大缩短产品制作的周期并减少成本开支。例如四川省成都市蜀菁馆馆长钟明的作品《熊猫》，就是以"锦""绣"技术结合，将蜀绣纹样施针于精致的蜀锦上，掺色柔和、车拧自如、劲气生动、虚实得体，如图3-29所示。作品中主体纹样的熊猫是绣娘们手工刺绣完成，而其余背景区域则是采用蜀锦纺织而成，整个作品虚实结合呈现出一种别样的视觉感受。目前蜀锦馆也正在准备蜀锦绣网络定制平台的搭建，通过个性化的定制打造独一无二的蜀锦绣结合工艺作品，为巴蜀地域文创助力。

图3-29 钟明《熊猫》

（2）与法绣工艺结合

法绣被封为法国国宝级的手工艺术，以富丽堂皇的立体效果享誉全球，常将亮片、宝石、羽毛、珍珠、丝带等材料相结合创作，这些材料组合的图案立体感强、造型多变。将传统细腻逼真的蜀绣与华美的法绣相结合，使原本生动的蜀绣纹样更具立体展示性。近几年四川省成都市流珠刺绣的主理人刘玥在其创作中就是结合了两者的优势，把蜀绣和法式刺绣相结合，创作出一系列兼具时代特征和传统文萃的作品，如图3-30所示。

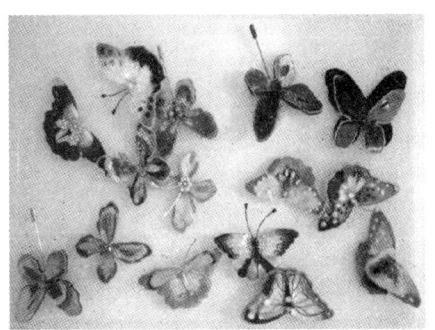

图3-30 刘玥 蜀绣法绣结合作品《蝴蝶》

③与蜡染、扎染工艺结合

将蜀绣与传统蜡染、扎染工艺结合,以蜀绣的立体逼真的图形表现主体图形,以蜡染、扎染的传统印染表现平面效果,将两种工艺结合,增加画面的层次效果并呈现出独一无二的视觉表现。蜀绣工艺大师彭萍于多年前从四川来到云南白沙古镇研习,在了解当地民族文化后便开始决定扎根于此进行工艺美术创作。她将自己擅长的蜀绣和当地民族文化相结合设计出一系列富有特殊意义的作品,其作品《白族少女》就是将当地白族的蜡染工艺与传统手工刺绣相结合,以白族少女为题,将两种完全不同风格、不同材质、不同技术的传统艺术有机结合起来,带给观者耳目一新的视觉效果,如图 3-31 所示。

图3-31 彭萍《白族少女》

3. 题材内容创新

传统蜀绣题材多以民俗风情和吉祥寓意的题材为主,纹样题材总是离不开传统的动物纹样、植物纹样和几何纹样,但是随着社会日新月异的发展,蜀绣题材应跟着时代的脚步进行发展创新,一方面可以对现有传统题材进行挖掘重组,另一方面也可以从当代生活为出发点,拓展现代化设计的创新研究。

(1) 挖掘传统题材

选取蜀绣纹样中较有地域代表性的图案,将其图案进行概括和抽象化重组,并与现代设计中数码手绘和扁平化设计风格相结合,从而从形式上突破了传统审美的局限性和束缚,将其个性和趣味完全融入到蜀绣的图形效果中。例如故宫文创产品"花映岁朝骨瓷套盘"便是以清朝中期故宫博物院藏的《花丝岁朝图》为主要设计灵感的,如图3-32 所示,以温暖又喜庆的大红色为主要颜色,将原图案中的各种纹样都进行了图像扁平化的设计和色块化的填充,明快的色彩让受众可以很快地感受到产品所传达的文化理念。因此纹样的抽象重组过程其实也是一种信息的转化,合理的图案设计可以使蜀绣地域性和民族性的特征更加突出。

图3-32 故宫文创产品"花映岁朝骨瓷套盘"

（2）现代元素结合

随着社会现代化的发展，刺绣的纹样也开始结合现代人们的需求推陈出新，一些设计师开始尝试将现代生活中的风景、建筑、植物、人物等元素经过现代化元素的融合，使用传统刺绣工艺进行表达。2019年安靖蜀绣之乡与游戏《王者荣耀》跨界合作，从游戏画面蜀绣元素的引入到"世界冠军杯"游戏比赛选手现场公布的战队队服纹样，无一不惊艳全场，如图3-33所示。这次设计由国家级蜀绣大师邬学强团队设计，将传统非遗蜀绣与现代潮流文化创意融合，从蜀绣题材和表现形式的都有了新的突破，将蜀绣融合成一种更时代化，更潮流化的传统新刺绣。此外，美国艺术家萨拉（Sarah C. Benning）将现代生活元素与刺绣结合起来。她从室内设计和植物中汲取灵感，通过当代刺绣表达她的创造力，如图3-34所示。由此可见，不局限于传统纹样中的题材、历史性和完整性，突破定向思维模式，结合现代设计理念，从而丰富了蜀绣题材内容。

图3-33 邬学强团队 《凤款冠军战袍》　　图3-34 艺术家Sarah C. Benning 刺绣作品

4. 色彩创新

蜀绣中色彩的运用往往遵循着传统色彩的观念，常通过色彩的变化来传达情感和表现意境，通过对传统蜀绣色彩的梳理，可以借鉴传统色彩的运用方式和设计思路，结合当代色彩搭配风格为蜀绣色彩设计转化提供思路。

（1）尝试不同色调

相比苏绣色彩的淡雅，早期蜀绣纹样中采用了间色渐变形式，色彩丰富，细腻明艳。

在现代设计中,色彩同样离不开民族地域特点的表达,传统的色彩是现代色彩的根本,在进行蜀绣色彩运用提炼时,可将蜀绣纹样尝试不同色调的处理,把繁杂的传统色彩归纳转变为相同的色调,用色彩对应的补色作为点缀营造出符合当代审美的色彩变化。例如2018米兰设计周上,"开物成务"展出的喜上枝头蓝牙音箱,运用汴绣传统的毛针、游针、平针、掺针等针法刺绣,色彩上并没有使用大面积的五彩色彩,而是将传统刺绣的色彩设计为相同色系的色调,既营造出符合产品特性的色彩变化,也满足当下大众的色彩审美,如图 3-35 所示。

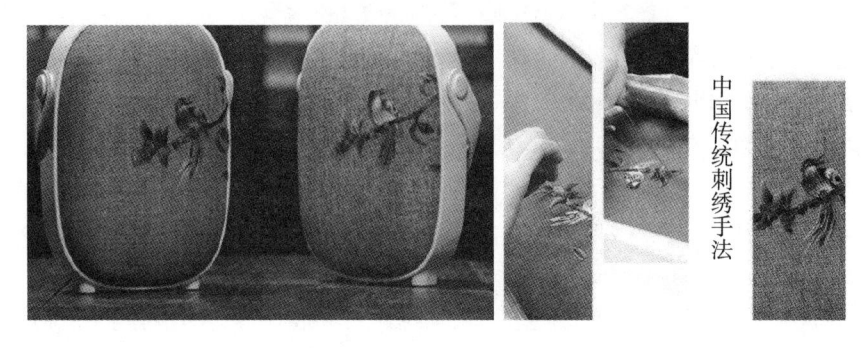

图3-35 喜上枝头蓝牙音箱

(2)丰富色彩变化

传统蜀绣纹样大多以传统主题为主,因而色彩设计由于主题限定而常局限于一些高饱和度和高明度的色彩,这样也限制了蜀绣色彩的表现力。目前随着产品样式和大众审美需求的变化,蜀绣的色彩可以在传统基础上进行丰富变化,如图 3-36 所示。这组刺绣出自苏绣非遗传承人陈英华的"宇宙星空"系列作品,为了表现出星云绚烂的色彩和神秘的意境,她每幅作品都用了近万种颜色的丝线,深邃的星空配以丰富多变的颜色。作品展出便获得国内外的高度关注。

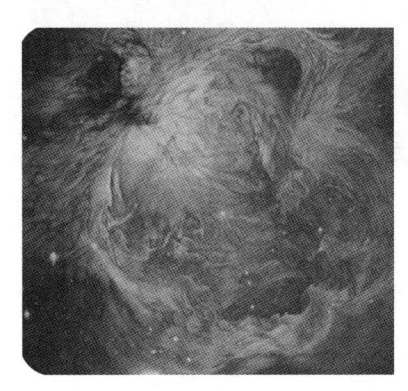

图3-36 陈英华《宇宙星空》

三、苗绣与羌绣元素在文创产品中的开发应用与服务设计

（一）苗绣元素在文创产品中的开发应用与服务设计

1. 黔东南苗族刺绣开发的优势

黔东南是我国最大的苗侗民族聚居地，服饰制作是苗族女性毕生修炼的"功课"，从七八岁起，苗族女孩便开始练习刺绣；十来岁起就开始为自己制作嫁妆；结婚生育后，苗族女性又为子女制作节日的盛装；步入老年，苗族女性又要为自己制作"寿衣"，这种传统在现代的今天仍持续着。手工制作衣饰的编织、纺染、刺绣、绘画、剪纸等传统技艺遍及乡村。其服饰刺绣文化透射出浓烈的民族情感和炽热的艺术激情，是少数民族妇女朴素、纯真、善良、憨厚优良品格的真实流露。

黔东南服饰将实用功能与原生态美融合于一体，按市场消费群体需求，通过对传统服饰的改良，融入现代设计审美理念。经过对农村少数民族妇女就原始绣品在色彩、成本、刺绣工艺、产品品种、产品规格等方面的培训指导，妇女群体就可以构筑成手工刺绣生产产业化的庞大基础。黔东南少数民族妇女天生就具有刺绣的天赋，她们不仅能娴熟掌握本民族刺绣，对其他民族的绣种，稍加技能和思想的引导，就能运用自如，得其要领。

具备刺绣技能的黔东南少数民族妇女是难得的优秀人力资源。少数民族妇女所具有的刺绣技能是她们代代相传的硕果，她们所具有的这种文化是现代都市和广大汉族地区妇女望尘莫及的，足以"搏击"市场。只要引导她们正确认识自我价值，帮助她们找到脱贫致富的路子，由救济式的帮扶对象变成促进民族经济发展的力量，必将成为构建民族地区和谐社会的积极因素，让她们以主人翁的身份向人们展示民族文化精神真实的一面，激发她们热爱本民族文化。

2. 黔东南苗族刺绣开发应用策略

（1）刺绣村建设

由于审美情趣、制作工艺、地域文化等诸多因素，黔东南苗族刺绣忠实秉承了传统理念，这固然对传承保护苗族刺绣文化至为重要，但是，绣品无论从布料、丝线、色彩、规格等方面，都与时尚存在很大差距。黔东南农村妇女的绣品，都为自己制作穿戴，极少作为商品出售，因此，妇女们空有一手好针线活，却难以找到增收的路子。若要实现农村妇女刺绣技能的商业转化，向产业化道路发展，使原始（原创）绣品作为产品开发，进入消费市场，转化为商品，就必须要与市场接轨。作为刺绣者的农村妇女，必须经过培训，更新观念。

针对培训对象为农村少数民族妇女有传统的手工技能而无文化（基本不识字）的现状，培训的形式就要打破课堂式教学模式，取消无必要的理论教学，通过具体实际操作示范，手把手、面对面进行培训，目的是让培训对象易学、易懂、方便、管用，使认知狭隘的妇女们能够粗略地认识传统刺绣与现代时尚需求市场的差距。教案应注重介绍黔

东南地区刺绣产品的消费群体及不同消费群体对刺绣产品在色彩、成本、刺绣工艺、产品品种、产品规格等方面的要求。培训内容应结合刺绣产品绣种开发方向，主要有破线绣、打籽绣、堆绣、皱绣、平绣、挑花、蜡画剪纸、色彩搭配等。

培训形式：①普及型培训，以已开发和即待开发旅游业村寨为单位，方便培训对象解决居住和交通问题以及培训对象农忙时节生产和照顾家庭生活。②重点培训已具备一定水准的刺绣妇女，填补黔东南刺绣品好手艺、滥产品的空白。利用丰富的民族服饰刺绣文化资源，采取刺绣村（创业就业基地）+公司的生产模式，通过对农村少数民族妇女的思想观念、综合技能、文化保护理念的培训，让妇女们成为最基本的生产单位，不出家门，实现就地生产。后期通过整合产品和销售产品，达到农村妇女增收的目的，最终，让文化拥有者、保护者——农村妇女寓保护、传承于实惠之中，实现文化与产业双赢。通过对民族服饰刺绣文化资源非物质文化遗产生产性的开发利用、传承发展，融合现代元素，依托国际知名品牌，走出跨越发展之路，把文化转化成商品，达到文化保护与开发的可持续发展，实现文化资源的永续利用。

（2）扩大合作

推动手工龙头企业与国际、国内高端文化研究机构合作，将民族手工产品与旅游产品开发相结合，设计具有民族特色，能融入生活、时尚、市场的大众产品、高端产品和创意产品。通过展销会、研讨会、交流会、开通电子商务平台、开连锁店、品牌旗舰店等方式扩大营销面为充分发挥院校人才资源的优势，发挥高等教育为社会、行业、企业服务的功能，为企业培养更多高素质、高技能的应用型人才，同时也为学生实习、实训、就业提供更大空间。

3. 黔东南苗绣文创产品创新设计的发展趋势

（1）多元化的产品设计风格

①多样的产品设计样式

黔东南苗绣包含了当地苗族人民对于生命哲学、经济学、社会学等学科的原始认知和理解，其苗绣文创产品设计作为传承当地民族文化的一种文化承载方式，并随着当地旅游业的发展，受到了人们越来越多的关注与理解。但是，由于近年来消费者多样化需求的不断扩大，传统的、单一指向的产品已经越来越难以适应人们的消费需求，多样的产品设计风格的出现已迫在眉睫。因此，现今关于苗绣文创产品的创新设计，需要把苗绣文化元素融入到其他类型的产品设计领域中，以丰富产品样式的多元化。在设计过程中把民族元素的应用范围从传统的文具类、饰品类提升至人们的衣食住行层面（见图3-37），如将苗绣文化元素融入到现代电子产品、工业产品、服饰产品甚至是食物样式等领域中，打破现有的、固化的元素运用思维，以设计出形成独特、风格多样的产品样式，进一步促进当地苗绣产品创新设计的发展、推广。

图3-37 苗绣饰品

②苗绣文化产品设计的多元化价值认同

产品设计作为建立在知识和经验基础上的创造性活动，主要目的是为了找到一种能满足社会多样化需求问题的解决方案。黔东南苗绣文化创意产品的创新设计不仅要考虑产品本身，还要考虑企业文化、民族文化以及消费者的需求，设计出与现代市场相匹配的多元化产品风格。这就要求设计师在进行苗绣产品创新设计过程中，要从苗绣文化角度出发，以市场为导向，注重相应苗绣文化的导入以及产品个性化、消费者购买行为的分析等，进而有效的构建出苗绣产品多元化风格的价值认同，增加产品价值与创意感，并满足多种顾客群体的消费需求。

A. 导入相应的民族文化

创意设计界的思想者布鲁斯·努斯鲍姆（Bruce Nussbaum）认为，设计作为公司核心竞争力的一部分，最终目的是销售，而目标人物则是消费者，如果设计元素的运用得当时，可以将目标消费者吸引到企业品牌面前，或者将品牌特点充分呈现给市场。[1]同样，黔东南苗绣文创产品设计已成为当地苗族文化核心竞争力的一部分，最终目的是将当地苗绣文化进一步的展示给世界，并得到认同。对黔东南苗绣文创设计而言，设计的文化背景，地域性、民族性及产品造型、色彩等都会影响到消费者对产品的认可度与忠诚度。导入相应民族文化特征，赋予设计产品应有的文化灵魂，是关系到一件设计作品风格和价值能否得到消费者认可的主要因素。在黔东南苗绣文创产品创新设计过程中，设计师需要立足于当地文化特征，运用专业设计知识和技能把当地民族文化意象导入具体产品设计中，赋予文化设计产品鲜明的民族特征。如当地设计师阿古新等人所设计的苗绣服饰作品，通过采用苗族的非遗元素，巧妙地将苗族的银饰、刺绣等元素进行结合，作品既保留了苗绣基本的审美意味又不乏时尚、潮流的时代气息，在现代苗绣销售市场上受到了很大的欢迎，很好地诠释了苗绣文创产品设计样式多元化的价值（见图3-38）。

---

[1] 唐瑞宜，周博，张馥玫. 去殖民化的设计与人类学：设计人类学的用途[J]. 世界美术，2012（04）：102-112.

图3-38 阿古新苗绣设计作品

B. 赋予产品个性化的语言

针对于黔东南苗绣文化创意产品设计而言，设计的对象虽然是苗绣产品，但是设计的最终目的是为了满足现代消费者的需求，并获取相应经济效益，以便更好地传承及发展当地苗绣艺术。因此，为了更好地强化黔东南苗绣文创产品风格特征的唯一性，需要设计师坚守以人为本的设计原则，在进行苗绣文化产品转化设计过程中，从设计主体出发，对潜在用户的购买行为进行调查及分析，根据产品消费年龄层次及消费者类型，设计出更具针对性苗绣文创产品，为消费者提供不一样的产品视觉感受及产品用途。

C. 苗绣文化产品设计的多元化风格表现

a. 民族与时尚

当前，我国多个领域的时尚设计圈将少数民族元素运用到具体的产品设计中的行为逐渐成为一种潮流，将苗绣民族元素与时尚文化结合，拓展当地苗绣文创设计思路，推动产品文化朝着民族与时尚方向发展，为当地苗绣文化的传承与创新提供新的路径，已逐渐成为民族文创设计方向的主流。受到这种文化传承发展影响，在现今的黔东南苗绣文创设计中，出现了许多对苗绣文化元素进行探究运用的设计产品，这些产品有的虽然设计感不强，但也或多或少地发挥了对苗绣产品的传承作用，做到了对苗绣传统元素应用的形意兼顾。

总的来讲，关于苗绣文创产品多元化设计风格的实施，在提升苗绣元素与时尚设计理念的契合度外，其多元化的产品设计风格，也为苗绣相关文创产品设计类型的发展拓展了新的空间。

b. 简单与复杂

在黔东南苗绣多元化的产品设计风格中，除了通过产品形态的类型来体现产品的多元化特征以外，还应从丰富产品内在涵义层面来表达。产品的外在形象作为设计师设计理念表达的一种浅层视觉意象，必然受到产品深层次设计意识的影响。设计意识决定了产品外在形态的理性基础，对于产品设计的风格、发展方向有着多重的影响。在苗绣文创产品设计多元化风格中，其多元化的产品风格特征除了通过产品的形态、色彩、结构等来展现外，还要对产品的设计理念、文化意象、情感表达有合适的表现，通过简单与复杂的设计对比，体现同一产品的两种不同的设计文化，进一步丰富苗绣文创产品的设计风格。

（2）可持续的产品设计理念

①苗绣文化产品设计材料的循环性

在苗绣文创产品创新设计时，从产品的物质材料角度出发，充分考虑材料对于环境的影响，如亚麻、蚕丝等便于回收、可再生等材料的使用等。此外，产品的结构和外观也应当方便于回收再利用。总的来讲，在苗绣设计过程中，积极合理地利用其他可回收的材料来进行物质输出，使它们以另一种形式继续发挥材料的价值，这对设计的可持续性具有重要的推动作用。尤其是设计周期较短、使用次数频率低的产品时，如苗绣产品推广活时所用到的宣传画册和书签、卡片以及简单的产品外包装等，通过对这些材料发挥创造性思维，在传达设计者绿色设计思想的同时，有时还会意外地让设计师营造出更好的产品造型语言和材质表现。

②苗绣文化产品设计的生态性

"产品设计的生态效率意味着要减少产品在生产和使用过程中的物质能量消耗，并能满足同类产品的设计需求。"[①] 在苗绣文创设计中，设计师要想设计产品达到良好的、实际性的生态效率，首先需要在设计过程中运用新技术、新工艺等方法来减少产品的材料消耗；其次，通过利用新技术、新工艺或新的使用习惯，提高设计产品的可持续性；最后，尽可能增强苗绣文化产品的使用效率及扩大其材料的运用范畴。

③苗绣文化产品设计的人文性

在苗绣文创产品创新设计构思中，设计师应具备在设计产品中表现人文关怀的能力，有意识地维护消费者身心发展及对苗绣文化的传承意识。这就要求设计师须要做到以下几点：首先，通过设计产品增加不同主体间信息和情感的交流机会，创造不同民族、地域、文化等之间互动性，帮助消费者提升对于民族、文化差异的包容及理解性；其次，适当处理产品与人之间的关系，使所设计的产品与用户关系处于和谐的状态，而不是完全占据或主导人的生活或倡导消费者的过度消费，并通过设计产品唤起人们对生态问题的反思，提高消费者良好生态意识；最后，在设计构思中，考虑产品在环境与社会之间的寻求平衡，减小产品对环境的压力，确保产品在市场和环保等方面均是可以接受的。

总而言之，在苗绣文创产品创新设计中，重视设计的人文性，不仅是实现产品设计的生态要求，更是构建设计师可持续设计思想的现实需求。未来，需要从事该领域的设计师在具备丰富广袤的黔东南苗绣文化、元素、工艺的基础上，针对新生代的"90后""00后"甚至"10后"开发出与之相应的产品，刺激他们的时尚"神经"，吸引他们购买、消费、收藏，拓宽承载苗绣的现代载体，更好地传承、保护和开发黔东南苗族刺绣，达

[①] 赵江洪. 第二条设计真知[M]. 石家庄：河北美术出版社，2003：13.

到苗绣的真正可持续发展。

（二）羌绣元素在文创产品中的开发应用与服务设计

1. 羌绣纹样的文化内涵

羌绣的纹样是羌族特色文化的映射，是在继承古羌文化的基础上，经过不同文化的杂糅演变而来，系统地梳理羌绣图案可以更好地解读隐藏在羌绣背后的文化内涵，了解羌族灿烂的文化。通过对羌绣纹样典籍文献和中国羌族博物馆馆藏实物的解读。羌绣典型纹样折射出以下几个方面的文化内涵。

一是体现羌族历史上的战争文化。[1]羌族自古没有文字，族群历史、家族记忆、英雄故事等都依靠口头叙述得以传承。在羌村社会里，每逢大房小事、婚丧嫁娶或者祭祀等活动，羌人都会齐集一堂，由村中长者讲述这些历史故事，成为羌族村寨生活中不可或缺的部分。在羌族丰富的口头叙述中，战争主题也是其中重要组成部分。这些辈辈相传的故事也映射到羌绣中或者羌族服饰中，成了羌绣中独特的图形符号。像流行各地的城墙垛垛纹样，黑虎片区尖尖鞋上的箭头花、将军帽纹、虎头鞋，太平、杨柳村寨片区铠钾舞使用的铠钾，羌锋地区的围城十八纹样、一颗印纹样，理县围腰上的兵器纹样等都是战争文化或者戍守文化物化后的符号形式，是羌族妇女用自己的聪明才智记录族群历史、家族记忆的形式。

二是羌族的宗教信仰文化。羌族的很多古老习俗与他们生存的生态环境有密切的关系。羌族的信奉万物有灵。他们认为这个世界无处没有神灵的寄托，所以崇拜的神灵种类很多。山是崇高的，天、地、水是崇高的，自然界的一切都是崇高的、有灵性的。"万物有灵"的"万物"包括有生命的动物、植物或者无生命的天、地、山、水、日、月、星辰等一切的自然现象。羌族的宗教自然观具有鲜明的民族特色，与羌族的历史、生活习俗、民族性格、思维方式及民族精神紧密相连，而且在羌族的宗教文化里，生态伦理是一个非常重要的主题，体现了人与自然，人与动物以及人与人之间的关系。要想自身发展，必须与大自然的生态平衡相协调，这种万物有灵、自然崇拜观念是羌族原始宗教的思想基础。在羌绣纹样中的植物纹样和植物抽象化的几何纹样居多，如杉枝纹、柏枝纹、松枝纹、火纹、布偶猴子、羊纹、太阳纹、鸡眼纹等都是羌族宗教信仰的凸显，是其精神的寄托。

三是农耕文化思想在羌绣中的表现。羌绣纹样的产生与农耕社会有密切的联系。羌绣纹样从一个侧面，反映了羌族农耕经济的特点，有许多植物纹样与农耕文化有关，如太阳纹、水波纹、金瓜纹、胡豆花、核桃花、麦吊吊纹、韭菜花、豆站站、歪嘴桃子、石榴纹等。这些纹样的价值取向离不开农耕文化主题，反映了他们的生产生活方式，也反映了他们的存在方式。将农作物图案绣在服饰上，更为直观地表示对农作物的依赖和崇拜。

---

[1] 郑姣. 五彩丝线上的历史记忆——以茂县黑虎寨典型羌绣为例[J]. 装饰，2018（07）：84-87.

四是羌族的习俗文化。在历史上影响羌族习俗文化的形成有多重因素，主要和社会变迁以及羌族的生活空间有关。一般来说，外部刺激和文化内部的发展共同作用，相互影响相互制约是构成文化变迁的成因。羌族挑花刺绣的习俗也会受到社会变迁的影响，在羌绣的众多纹样中既有本土纹饰的特色，也融合了较多"外来"文化符号。这些装饰图形图案的融合、杂糅反映出羌族民族习俗文化的形成原因。首先，羌族多样的文化构成形式，与羌族曲折历史背景、艰苦的自然环境、神秘的宗教信仰和多元的人文环境是有密切联系的。历史上内地汉人多次迁至羌区，如"湖广填四川"等，汉族文化的流进使羌族绣挑花刺绣的装饰纹样视觉语言和汉族挑花刺绣的图形装饰语言极为相似。其次，羌族的主要集聚区在汉族与藏族的中间地带，民族文化间的交流、渗入是在所难免的，在长期多种文化的影响下，羌族独立的文化体系也在发生着变化，"因此羌绣挑花纹样与周边彝、苗、白、基诺、哈尼等少数民族部分挑花刺绣纹样极其相似，"回纹""云纹""狗牙"等纹样流传于这些民族之间"[①]，如莲花纹、喜鹊闹梅、万字纹、双喜临门、石榴送子、鱼儿戏莲等。

2. 羌绣元素在文创产品设计中开发应用的原则

（1）以市场为导向的原则

是指以羌绣为元素创作开发的文创产品应该强调市场的需求性，以市场导向作为文创产品的出发点，使文创产品的文化性和市场性彼此兼顾。在挖掘其文化内涵的基础上打造文创产品在市场上有固定的消费群体。这就需要在文创产品创作之初要对该地区文创产品的消费市场进行市场调查，找出市场空白点或者薄弱点，以解决文创产品需求和供求之间的矛盾。文创产品需求和文创产品共处于市场这一体系中，它们之间的矛盾运动是推动文化产品发展的动力，需求和供给是经济活动的基本矛盾，它们之间的经济联系及其变化、发展组成了经济活动的主要内容。只有通过市场运作才能使其得以缓和、协调或解决，实现供求结构的平衡，只有文创产品的结构处于平衡的良好状态，文创产品的发展才能运作于健康有序的轨道上。

文创产品市场变化因素较多，包括消费群体需求的变化、消费竞争对手策略的变化、文创产品政策的变化，等等，所以在文创产品研发前要调查、摸清这些制约因素，以此作为文创产品开发市场因素进行考量，做到市场的精准定位。

（2）融共求异的创新原则

融共求异的实质是寻找产品的差异性。差异性是文创产品设计创新性的表现。创新是产品设计的生命。而文化创意产品要避免过分的雷同化问题，就要不断创新出新的产品以取代市场上老的产品，呈现产品的更新迭代。这需要文创产品在研发过程中要始终坚持差异性原则，需要设计师从多个维度展开分析，深入思考，冷静判断。

坚持文创产品融共求异的创新原则，可以从多维度进行思考。深挖地域文化内涵，

[①] 马熙逵. 羌族挑花纹饰研究[J]. 齐鲁艺苑，2015（06）：76.

将具有地域特色的文化融入到设计中，使产品呈现一种独特的文化面貌，也可以通过细分消费者和细分产品的定位，走产品的差异路线，从而实现产品的多样性和个性化。融共求异的创新原则还可以在文创产的销售渠道上进行创新，不断地创造新的营销手段，将产品新意和产品亮点进行充分的展示，提高消费的体验感，引起消费者较高购买欲望。

（3）美观实用的并重原则

文创产品是一种特殊的商品，必须具有艺术性，必须遵循美的原则，具有较高"颜值"是吸引消费的前提和激发消费者购买的动因。文创产品在设计时，仅仅关注其审美性是不够的，还要注重产品的实用价值，以打消给消费者留下华而不实的错误认知观念。美的文创产品是吸引消费者关注它的动力，而实用是促使消费进行购买和反复购买的重要因素。两者并重使消费者在购买产品后，在使用的过程中能够进一步享受产品的艺术美感和价值所在。

坚持美观实用并重的原则，还可以维系该产品持久的市场占有面，能够塑造较好的品牌形象和社会口碑。例如由四川"朕在泡"农业科技有限公司推出的"朕在泡"泡菜坛产品，该产品在提取四川本地餐饮文化元素和地域特色文化后对四川原有的泡菜坛进行改良。研制出"熊猫"泡菜坛和"龙袍"泡菜坛，其高"颜值"的造型改变了人们对泡菜坛外观的认知。曾一度成为网红产品。"朕在泡"泡菜坛的网红体现在其造型的高"颜值"和符合现代都市人群的小容量食用泡菜的便利性上。高"颜值"、新观念、实用性为这个产品的开发成功奠定了基础。所以在羌绣文创产品的开发时，应该遵守这一规则，使羌绣的秀美与产品实用融为一体。

图3-39 "朕在泡"功夫熊猫礼盒

（4）遵循系统分级的原则

文创产品的系统分级原则表现在两个方面：一方面是文创产品开发的系统分级，另一方面是设计思维的系统分级。文创产品的系统分级是指文创产品应该遵循多层次、系统化的原则。由于文创产品所面临的消费者在年龄、性格、文化背景、生活习惯、审美特征上都存在差别，单一产品不能满足各种消费人群。这就需要在设计产品时充分考虑消费者的实际状况，提供各种不同系列的产品，使产品的种类多元化。这种多元化并不是没有任何概念的乱开发,而是按统一类型,走系列化的路线,为消费者提供更多的选择。设计思维系统的分级是在对某一文化进行符号提取时,应该系统了解这一文化的来龙去脉,避免片面提取单一符号。应该系统了解组成文化的各个要素,对其进行系统的梳理,按照产品定位要求,提取相应的文化符号。这种系统的分级提取信息,有利于合理、充分地利用文化子资源,保持文化提取的长度,延伸文化提取的深度,更有利于建立持久的品牌形象,维持文创产品的新颖性和创新性。

3. 羌绣元素在文创产品中的运用方法

(1) 表象特征提炼应用法

表象特征提炼应用法是基于索绪尔 (Ferdinand de Saussure) 提出的符号学理论中符号的能指,将其应用于艺术设计学科中并根据艺术设计学科的特点扩大了符号学中能指的内涵与外延。[1] 表象特征提炼应用法是指基于羌绣物理属性的提取,主要是针对羌绣的纹样、色彩、技法以及羌绣使用的材质等方面进行元素提取应用。这种表象特征的提取,要保留羌绣的原本文化语义不变。对羌绣元素的视觉表象进行二次设计,可以是图案的提取、归纳、打散重组、适当变形等设计手段,重新定义新的图形语言,[2] 也可以对羌绣的颜色特征进行提取,按照羌绣色彩搭配的视觉特征进行再设计以及利用羌绣传统刺绣针法的特点进行针法视觉语义的夸大,以达到创新的目的。表象特征提炼方法过程如图3-40。

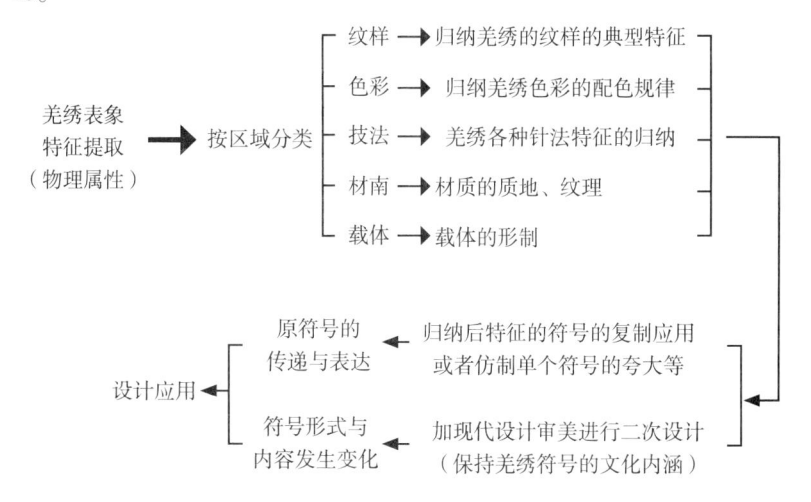

图3-40 表象特征提取示意图

由于表象特征提炼应用方法是提取羌族刺绣的物理元素特征,所以表象特征提炼应用方法的优势在于最大程度地保留了羌族刺绣的文化因子,保持羌族刺绣的纹样构成方式特征、羌绣的色彩搭配关系、羌绣的针法特点以及羌绣刺绣的文化区域特点。这样就

---

[1] 赵毅衡. 重新定义符号与符号学 [J]. 国际新闻界, 2013, 35 (06): 6-14.
[2] 杨蓓, 钟玮, 张婉玉. 基于符号学的凉山彝绣图形设计与创新实践 [J]. 丝绸, 2020, 57 (03): 118-125.

不容易使在羌绣中提取的表现特征与其他刺绣提取的设计元素相混淆,能够使设计的文创作品保持羌族文化的特征。这也就是表象特征提炼法的应用方法的优势所在,这种方法能够让设计者在既有方法架构内,思路比较明确地去思考。

表象特征提炼应用方法的运用有两个关键点需要注意。一是对羌绣的表象特征元素提取后,依据现代设计审美以及文创产品需求进行设计时,不能将原有羌绣图形的特征抹杀干净,而是应该刻意夸张其独特的视觉符号特征,使之在视觉上依然能够识别出羌族刺绣文化表征;二是在对表象特征进行提取时,运用现代设计审美及设计语言进行二次重构时,表现出来的新的语义要基于羌绣元素中原有图形语义,防止开发、设计过程中将原有的羌绣文化语义进行置换或者完全消失,而导致羌绣中蕴含的羌绣文化内涵丢失,使设计出的文创产品与羌绣文化脱节,失去文创产品本该有的文化内涵。如挑花刺绣国家级非遗传承人杨华珍为"植村秀"品牌设计了羌绣限量版洁颜油图案,如图3-41,两款羌绣图案分明命名为"生命之源"和"青春不朽"。其中用于绿茶新肌洁颜油瓶身"青春不朽"图案,采用了羌绣里面的山茶花为元素。山茶花在羌族人民心中是生命力的象征,这与茶尖常摘常新,采之不尽的生长特性有关。这也与品牌产品有了很好的契合,还很好地把羌族信奉万物有灵的宗教信仰表达其中。而她为星巴克设计的十二月花被用在星巴克的周边产品上如限量版星享卡、包包、笔记本等(图3-42)。该图案从羌绣的游绣中提取图形语言和钩绣的作技艺,利用黑白两色对比,通过图形和黑色底布颜色的对比,表现出羌绣之美。表象特征提炼应用方法不强调刺绣元素的手工质感,后期的运用也不是刺绣原件,而是采用现代的印刷技术,使之批量生产,增加产品的可复制性、可传播性。制作技艺,利用黑白两色对比,通过图形和黑色底布颜色的对比,表现出羌绣之美。表象特征提炼应用方法不强调刺绣元素的手工质感,后期的运用也不是刺绣原件,而是采用现代的印刷技术,使之批量生产,增加产品的可复制性、可传播性。

图3-41 羌绣在植村秀洁颜油中的应用

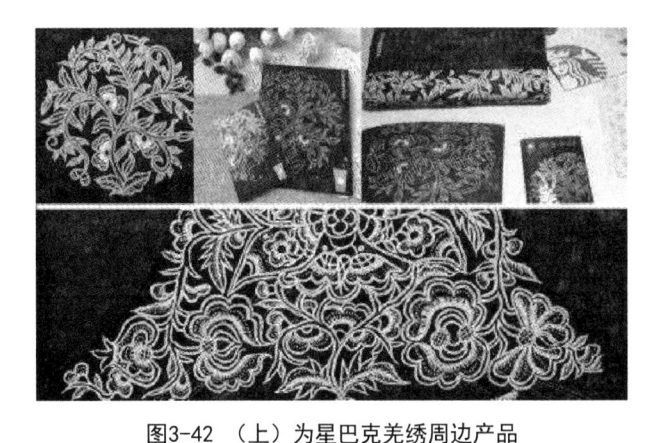

图3-42 （上）为星巴克羌绣周边产品
（下）流行于茂县较场片区的游绣围腰局部

（2）隐性语义提炼应用法

隐性语义提炼应用法是基于索绪尔的符号学理论中符号的所指和艺术设计学交差融合后扩大其内涵和外延。隐性语义的挖掘重在研究事物符号的背后的隐含意义，是研究对象表象特征背后的内涵语义。隐性语义的挖掘一般以所研究的对象产生的时代背景、生存环境、历史文化、风土人情、宗教信仰等有密切的关系，所以隐性语义的研究要结合多种中交叉学科的知识，对其进行深度解读后，使隐性语义本文转化成为独特的视觉语言，在进行表现，以呈现独特的视觉符号并加以应用。

羌绣的隐性语义的提取（如图3-43），首先是从图案的象征意义、审美价值、文化内涵、历史故事及传说中提取图形的功能意义、形神意义、文化意义以及故事文本后，再结合羌族刺绣的表象特征进行二次图形符号的创作，形成的新的视觉图形语言，而后将这些图形在文创产品中加以运用。羌绣装饰图案与羌民的生活环境、宗教崇拜、文化交流有关密切的关系，这些图形、图案符号记录了他们对自然的崇拜、对民族起源的追忆和对祖先的缅怀。这些装饰图案及相关传说故事大部分是羌族人们所共识的，约定俗成的，符号和故事情节相对比较稳定，有极强的流传惯性。羌绣中的植物纹样和动物纹样表现了对自然的崇拜，同时揭示了对种族强大愿望的心理暗示。羌绣中流行于汶川地区的"十八围城"图案是层层城池相互围绕，揭示了汶川这个地区的戍守文化，这与汶川的历史和地理位置的重要性有密切的关系。传说故事都是羌族地理环境、民俗风情的隐性彰显。

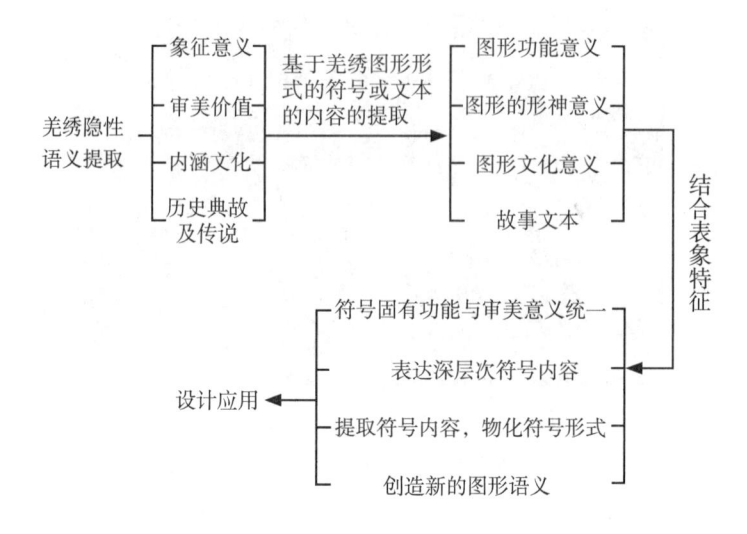

图3-43 隐性语义提炼示意图

在羌绣图案提取过程中，除了关注羌绣的表象特征以外，还要深挖羌绣的隐性文化语义，使提取的纹样既有羌绣的表象特征，也承载着羌绣深层次的隐性语义。只有这样才能使隐藏在羌绣背后的文化得到更好的传播，羌族文化才能有生存的空间。通过羌绣隐性符号语义的准确提取，经过加工设计的元素在文创产品中应用，才能使羌族文创产品具备更多的羌族文化内涵，羌族文创产品的民族特征才能更好地得到凸显，才能使以羌绣为元素的文创产品在同类的文创产品中脱颖而出。如图3-44，为"90后"羌绣传承人张居悦和著名服装设计秦旭合作的定制礼服《大山之托》。该件作品从流行于叠溪一带游绣风格的围腰上提取设计元素，经设计师对羌族图案中隐性文化语义进行挖掘，以山中的秋海棠花和石榴花为造型元素，利用羌族本地的棉线绣制而成，结合服饰的立体分支造型。一方面说明了羌族人们是云朵上的民族，另一方面也表达出羌族万物有灵的宗教信仰思想。设计师通过对羌绣语义的挖掘，使表现的主题内容超越表象特征表达的范畴，使羌族深层的文化内涵得到凸显。

图3-44 大山之托

隐性语义提炼应用法的优势表现在对事物对象的研究不再仅仅停留研究对象的物理特征方面，而是对研究对象文化的深度解读后的视觉呈现。该种方法的应用使图形符号语言更具备研究对象的文化因子，更具有独特性和深层的故事性，在新的文创产品中应用能使其更具有说辞和故事，更容易建立文创产品IP形象，从而便于研究事物文化的传播，提升在消费者心目中的记忆点。

（3）原生应用法

原生应用法是指在羌绣元素挖掘时，尽可能地保留羌绣原有的工艺、技艺特征。羌绣独特的视觉呈现是依靠羌绣的传统技艺作为支撑。羌族传统的刺绣技艺包含羌绣天然材料和羌绣独特针法的运用。这种技艺蕴含了羌族特有的装饰文化内涵和精神信仰。现代文明的发展使这种原生的文化元素正在日益减少，受后现代设计思维的影响，传统技艺渐渐失去原有的温度，成为冰冷的、失去灵魂的几何图形。充分利用有限的、原生态的设计元素，能带给消费者一种独特的视觉体验。

在文创产品创作中羌绣的原生运用法是指直接将羌绣手绣元素作为文创产品的设计要素运用到产品中。原生运用法又分为两种情况（如图3-45）：一种是直接将从羌族村寨妇女手里收集来的老的绣片或者是绣制的新的绣片直接应用；另一种就是将羌绣刺绣的传统纹样以手工绣制作完成后，整体或者局部地应用到文创产品中。这种应用方法重在保持羌绣的原汁原味。手工制作的方式很好地传承了羌绣的文脉，但价格偏高，一般适合于定制类高端文创产品。如图3-46秦旭设计的《云彩之上》采用了羌族牛尾寨的挑花架绣风格。牛尾寨的挑花刺绣围腰图案多以规则的几何纹样和植物纹样组合成为主，纹样中间常以"八瓣或六瓣尖菊"为中心图案，以几何万字纹围绕，边缘配有桃花纹、金瓜纹或圆菊纹样。在色彩搭配上使用撞色，配色鲜艳，表现出较强的原始风味，在羌绣中形成相对独立的区域特色。设计师直接将牛尾寨挑花架绣围腰中的核心图案运用到礼服上，使礼服上的羌绣尽可能地保留原有羌绣的视觉语言，羌绣的本源文化和现代的礼服配合得恰到好处。这件设计作品的成功使大山深处的羌绣有机会走出大山，登上国际舞台。

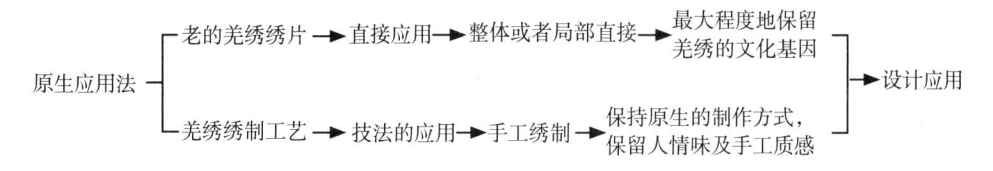

图3-45 原生应用法示意图

图3-46 羌绣绣片和《云彩之上》

（4）异质互融应用法

异质互融法的概念是借用了图形创意中异质同构的概念[①]，是指羌绣元素在应用的过程中可以和多种材质进行融合，不再仅限于在布上用棉线或者丝线进行刺绣。羌绣在文创产品设计中的异质互融法表现在以下几个方面（如图3-47）。一是刺绣依然使用棉线，而是改变刺绣底布的材质，在其他材质上尝试刺绣，如皮革、新兴的合成材料、纸质材料等；二是改变刺绣使用的棉线，换成其他具有线属性的材料，如铁丝、钢丝等材料，再使用传统的针法进行刺绣，这种异质的互融可以让刺绣脱离印刷的方式，直接在文创产品的材质上直接进行绣制；三是原有刺绣的线和底布都改变，使两种或者多种的不同的材质进行互融，扩大羌绣的适应性，使羌绣在文创产品的开发中有很多的可能和更多尝试的空间。

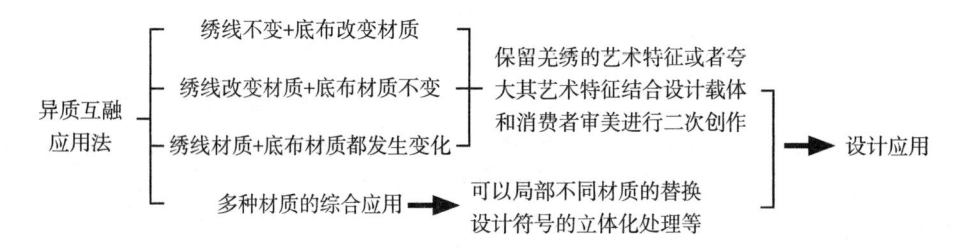

图3-47 异质互融法示意图

异质互融应用法的应用实际上是从原有的羌绣材料上进行改变，它扩大了羌绣的应用范围，但是值得注意的是，当材料发生改变时，视觉效果也会发生大的改变。为了突出羌绣的工艺属性和文化内涵，在对材料做出重大改变时，在图案和技法上尽可能保留羌绣的属性，才能使羌族的文化得到凸显，起到推广羌绣和羌族文化的作用，也才能使羌绣为元素设计的文创产品有更多的附加值。如图3-48就是基于羌绣纹样中的植物纹样进行提取再设计，在材质的表现上不再仅限于布和棉线，而是选择羌绣典型图案后，利用金属、珠宝等材质立体化进行表现，使羌绣在保留原有的文化内涵的同时又呈现一

---

① 万萱. 图形创意[M]. 成都：西南交通大学出版社，2009：26.

种新的视觉形象。

图3-48 香港某品牌珠宝设计

第四章　传统染缬技艺在文创产品中的开发应用与服务设计

染缬作为中国一项较为古老的传统的民间印染工艺,是历代劳动人民用其智慧和汗水凝聚成的,经过长年累月的不断研究与传承,又经过后世学者的创新与发展,直至今天,染缬以它独有的民族风格和独特的制作工艺,已成为一朵艳丽的奇葩,在我国各个民族学习、继承和交流中起着重要的作用。历史上,染缬艺术在秦汉时期流行开来,在隋唐时期兴盛,两宋逐渐衰落。当代染缬界还是以明清以后的蓝染为主。对于染缬而言,其不仅仅具有实用价值,还具有深厚的艺术文化价值。随着时代的发展和人们消费需求的转变,染缬艺术以其特有的印染艺术魅力成为传统艺术产业发展的重要内容,而染缬艺术衍生品的设计与开发也成了构建染缬艺术产业链的重要环节。在现今市场中,越来越多的商家开始关注传统手工艺产品,挖掘传统手工艺所具有的艺术特征,将现代设计与传统手工艺相融合,不断设计推出艺术形式独特的衍生品,并以此带动手工艺制品的销售。染缬艺术是传统手工艺中的瑰宝,也是现代市场中最受消费者喜爱的传统艺术形式之一。注重对染缬艺术文创产品的设计与开发,能够有效地带动传统手工艺市场的发展。研究染缬艺术文创品设计与开发的创新方式,能够提升染缬艺术衍生品的创意性和艺术性,使染缬艺术能以更为多样的形式出现在市场中。

一、传统染缬技艺概述

(一)传统染缬艺术的文化特征

文化是人类生活的反映、活动的记录和历史的积淀,它是人类认识自然和思考自身的观念性生成智慧。传统染缬技艺所反映的民族文化承载着特定地域环境下人民自身调适生存环境的需要、理想和愿望,是对客观世界理解的一种独特的文化生成方式。只有充分认识与理解传统染缬技艺的文化特征,才能还原与破译民族艺术的文化本质和表现特质。

1. 传统染缬技艺是劳动生产文化的本体。

艺术源于劳动,实用先于审美。只有实用,然后才能上升到欣赏。我国的印花技艺历史悠久，诸多优秀印染织物作品都是劳动人民辛勤劳作的结晶。从古代"画缋"到"印花敷彩"到近代印染，印花技术日臻细致纯熟。传统染缬技艺已有了一套严谨细致的印制工艺。以天门蓝印花布为例。首先，依次通过裱纸、画样、替版、刻花版、上桐油制作出刻有精美纹饰的印花纸板。其次给坯布刮浆，刮得要快，力度适中，才能塑造出边缘完整清晰的花形。待浆干燥，经过六到八次反复染色、出缸氧化，便染好了。最后经过固色，刮灰，清洗，晾晒，便可出厂投入服饰、被面等生活用品的生产。蓝印花布这种独特的技术工艺和巧妙的艺术处理使人感到此种作品似一股暖流、一阵春风、一首抒情的诗。

2. 传统染缬技艺是民俗文化的实体。

生活是艺术的源泉，是文化创作的源泉，也是美的源泉。从民俗发展的脉络中，我们可以看出：民俗已逐渐发展成为一种人类群体的生活文化。传统染缬技艺的艺术生命，源于人们对乡土的热爱。早在明末清初，用蓝草制成的靛蓝印制花布已成为广大百姓的印染模式。染缬技艺如同民间剪纸艺术、年画艺术一样，特点淳朴、粗犷、明快，带有浓郁的地方特色，是民俗文化的重要载体。民间艺人在创作作品时，根据当地群众的具体需要，创造出大量反映人民美好生活、吉祥如意的纹样。这些反映民俗风情的印花布所体现出的民族心理特征和艺术内涵已经成为广大百姓之间传达和沟通内心情感的桥梁和媒介。

3. 传统染缬技艺是信仰文化的虚体。

从大量早期的印染和织造作品中，可以看出祖辈们总是要通过互渗的思维方法，构建出某些新的神态特征，致敬神灵与信仰。如麒麟等的造型是民众最为喜爱的动物神灵，"麒麟送子"的被面寓意着儿孙满堂，阖家美满。又如龙、凤是中华文明的象征，是炎黄子孙的始祖图腾。"龙凤呈祥"的图案广泛用于祝贺新婚的服饰和被面上。而"凤穿牡丹"蓝印花布作品在民间流传甚广。凤是人民信仰的祥瑞之物，它头顶天，尾踏地，目像日，翼似风，是天地之灵物。牡丹色绝天下，具丰腴之姿，有富贵之态，国色天香。凤在此代表男性，牡丹则表示女性。祥瑞之鸟穿行在富贵花之间，寓意生活荣华富贵，美满幸福。

4. 传统染缬技艺是传说神话的载体。

染缬纹样具有丰富的文化内涵，通过描绘众多的神话故事反映了人们的思想情感和精神寄托。例如"刘海戏金蟾""麒麟吐书"等纹样均来自民间传说。更有"二龙戏珠""鲤鱼跳龙门""八吉祥""喜鹊登梅"等纹样，都是以染缬为载体，展现出中华民族传说神话的魅力。

5. 传统染缬技艺是现代文化交融的综合体。

染缬技艺之所以能传承至今，关键在于不断发挥其艺术潜能和优势，与现代文化交融并进。自从20世纪中叶，染缬已经由农村家用纺织品逐渐转为现代装饰品，传统艺术元素已成为现代家居的时尚元素。近年来，染缬技艺的文创产品在出口的同时，不断研制新品种，先后开发了台布壁挂、领带丝巾、鞋帽等多个类别、近千个品种，随着染缬技艺的知名度不断提升，全国各地的染缬技艺爱好者也慕名选购。通过把创新和传承结合在一起，以商养艺，以艺促商，形成一个良性发展势力。

（二）传统染缬技艺的分类及其表现手法

中国古代纺织品的防染技术称之为"染缬"。在中国古代印染史上，最为著名的防染工艺有四种，分别是：绞缬、蜡缬、夹缬和灰缬，俗称"四缬"。它的工艺主要就在于防与染是否能更好的统一，其制作方法是利用线、绳、蜡和夹板以及其他的一些染缬工具来进行辅助，运用这些工具对已经绘制好图案的织物进行制作，这样已经被遮挡的部分就不会浸入颜色，这种工艺就是"防"，而没有被遮挡的部分，就会有颜色浸入，我们称其为"染"。它们作为中国古代染织技术的重要代表一直被后世借鉴学习。

1. 传统绞缬技艺

绞缬，一般称之为扎染，是利用扎结染色的传统手艺。绞缬在我国传承千年之久，一直以来根植于民众生活，在云南、贵州、湖南等地区的少数民族中发展，通过每一代人的传承发展与演变，在现代的防染工艺制作中有着极大的提升，从原有的单色套染慢慢演变到多色的套染。

绞缬的工艺是用针跟线缝扎或者直接用线捆扎，现也用皮筋对织物捆扎从而产生各种形状。在染色的时候织物捆扎处不易染色，没有捆扎的部分被染色，形成抽象、具有偶然的纹样。在绞缬工艺的制作中，不同类别的扎结方法都起到防止织物局部染色的作用，是体现各类纹样的关键。无论是织物自身对织物的遮挡，还是利用材料道具对织物的遮挡，目的都是防止染料渗入形成图案。

绞缬工艺与蜡缬、夹缬比较，制作上相对简单，因此图案也单纯，但同样具有质朴美感。如图4-1为现藏在新疆维吾尔自治区博物馆中，最早出自公元408年东晋时期新疆地区的绞缬。扎结方法与图案效果的关系非常密切，扎结方法的选择与运用是构成不同图案效果的关键。扎结的方法，既可以决定图案的表现效果，也会间接地影响到图案的形式框架。绞缬主要有线缝、捆扎、道具扎结等方法。

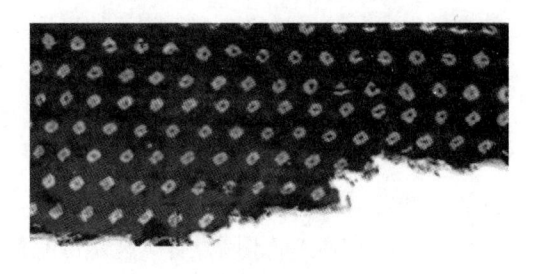

图4-1 绞缬绢

（1）线缝法

线缝法扎结是绞缬工艺中最主要的结扎技法：用针、线对织物进行有目的的缝制、抽紧、打结的过程。缝制时针距的大小与形针的运用是缝扎的关键。表现细密的纹样时，针距较小较密；表现粗犷的纹样时，针距较大较疏。在缝扎的实际操作中可以选择单一的缝扎方法，也可综合使用多种缝扎方法。缝扎中，线条的纵横、间距、针距、疏密以及纹样的不同等因素都会使扎染作品产生不同的效果。同时，缝制的针法有很多，如平缝扎、折缝扎、卷缝扎等。

平缝扎（如图4-2）是利用平针缝的方法，沿着织物上已经描绘好的图形轮廓进行缝制。平缝扎的纹样特点一般多为线性纹样。线性纹样是由不同大小的针距所形成的点串联而成。

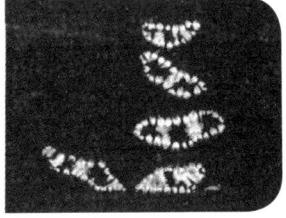

图4-2 平针缝

折缝扎的方法更适合表现对称形式的图形。折缝扎在缝制前要先将织物进行折合，沿织物的折线部位用平针缝的方法进行缝制。（如图4-3所示）缝制后将缝线沿缝迹抽紧、扎牢。折缝扎的方法通过单面的缝制，不但可以获得图形自身上下部分的对称，也可以获得完整的图形与图形的对称。

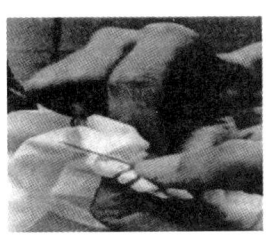

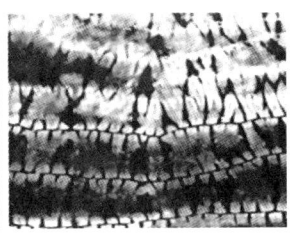

图4-3 对折缝

卷缝扎是运用环针缝制法缝出所需要的图案，对织物进行拉紧、扎牢的方法。使用卷缝扎染出的图形相对清晰、实在，如图4-4。特别是对较为具体的图形进行卷缝，就可以得到硬朗的染色效果和相对清晰的图形形状。

（2）捆扎法

捆扎法是直接通过对织物的搓、拧、

图4-4 卷缝

捆、扎等,结合绳线固定织物的扎结状态后,然后染色的方法。捆扎的扎结方法操作简单、轻松,染色后形成的效果变化也比较丰富。使用这类扎结方法染制出来的纹样特点不受具体形状的限制与影响,往往显得更加丰富、洒脱、自然。捆扎法可分为石纹扎、卷扎、鹿纹扎等。石纹扎出的图案效果类似于石头的纹理,如图4-5所示,图案效果变化丰富、虚实有致、聚散自然。利用石纹扎方法在织物上反复扎结,反复浸染,使其得到的纹样效果变化更加神秘和多样、肌理浑厚。

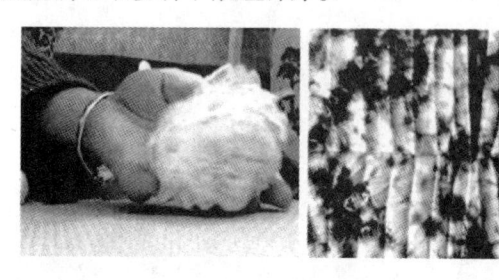

图4-5 石纹扎

卷扎是将织物铺平,根据纹样的位置将织物局部垂直拧起,在将织物分段缠绕,再扎牢。卷扎的方法便于操作且简单,可以省去缝制的步骤。(如图4-6)卷扎的纹样特点多为不规则或规则的圆形。

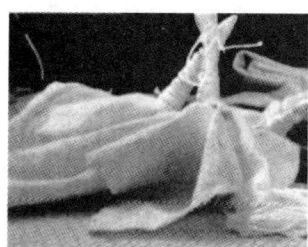

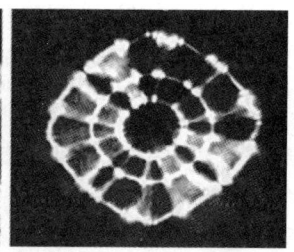

图4-6 卷扎

鹿纹扎的纹样特点是由一个个排列规则或不规则的小圆形图案组成,如图4-7所示,类似鹿身体上的花纹,十分自然活泼。

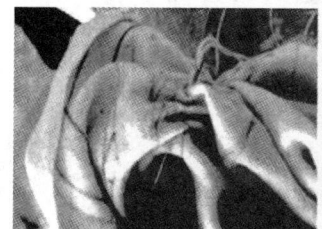

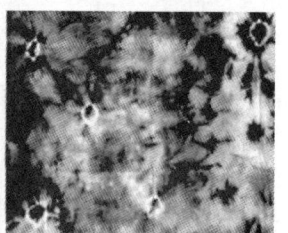

图4-7 局部鹿纹扎

(3)扎结法

利用道具扎结的方法是指扎结过程采用不同的材料作为工具,结合绳线甚至其他工具对织物进行扎结。使用这类结扎的方法，可以选择的材料或工具范围非常广泛，生活中各种可见、可用材料较多，能起到防染作用的物品都可用作尝试。不同的工具、材料在结合不同的扎结方法及染色工艺进行使用时，可以获得更多的意外效果。

帽子扎结是将需要缝扎纹样的织物部分缝制，如图4-8所示，按照缝隙抽紧，然后利用干净的纸和布包在织物的表层。再反复包裹一至两层塑料布，从而起到防染的作用。帽子扎的纹样特点带有明显的面状特征。规则或者不规则的，也可以是具象的形状。

图4-8 帽子扎结

包物扎结是在织物内包入弹珠、黄豆、硬币或者其他形状的硬物，然后在包紧硬物的织物根部用线绳任意的扎牢，如图4-9。包物扎的纹样特点是可以呈现出均匀或者不均匀的放射性图案。纹样的边缘也会在硬物的作用下，保留清晰、硬朗的痕迹，从而形成与其他部位虚实相应的视觉效果。

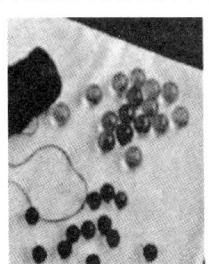

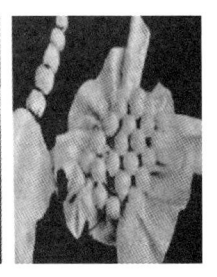

图4-9 包物扎结

波纹扎结的染色效果充满动感，类似于水面吹起的波纹，可以带给人舒适凉爽的感觉，如图4-10。利用波纹扎的方法很多，变换布料卷折缠绕的角度，增加不同次数的染色，都可以得到更多不同的染色效果。

图4-10 波纹扎结

夹板扎结是根据纹样的需要将织物折叠成三角形、长方形、正方形等，再运用提前准备好的不同形状夹板或对称式的将织物夹紧，如图4-11。夹板扎的效果取决于夹板的形状，也取决于夹板与布料形成的不同角度，通常呈面状的特征。

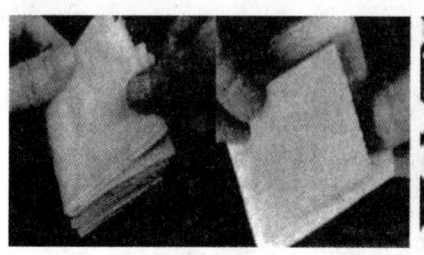

图4-11 夹板扎结

使用不同的绞缬技艺所呈现的图案各有特点。在绞缬技艺制作的第一环节，通常会先确定图案是具象或抽象，如果选择具象图案，那么线缝的扎结方式是最能将细节表现到位的，而抽象图案则可用不同道具捆扎、卷缝、折叠等技艺来实现。其次就是考虑染色是单色还是复色，单色是直接染，可选择浅色调或深色调，复色是先染浅后染深，再考虑色调统一。

2. 传统蜡缬技艺

蜡缬，是我国古代少数民族纺织印染手工艺，浸染的过程中，蜡会隔绝染料的浸染使其产生自然龟裂，布面会呈现出特殊的冰纹。如图4-12为现藏于新疆维吾尔自治区博物馆中的南北朝时期的蜡缬毛织物。

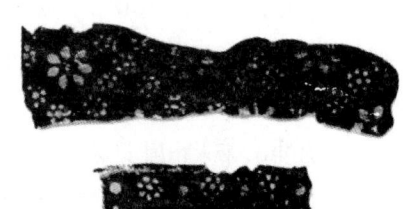

图4-12 蜡缬毛织物

（1）蜡缬表现技艺

①拓蜡

拓蜡源自摹拓铜鼓上的花纹，将布面蒙在铜鼓上，固定好用浆水裱于鼓面，干后用蜡来回摩擦布面，把铜鼓上的花纹拓印在布面上使布面产生蜡花，经过染色就制成拓印蜡染品，此技艺因起源很早，具体图片未收集到，但是这种拓蜡技艺类似于拓硬币，将空白纸附在硬币上方，用铅笔或圆珠笔描绘，便有了硬币的图案（如图4-13）。

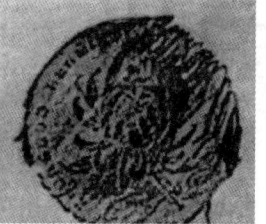

图4-13 拓硬币

②泼蜡

如图4-14，在固定好的布面上用蜡随意泼撒，等泼的蜡凝固后先染一次色，干了再泼、再染，反复几次到得自己满意效果。

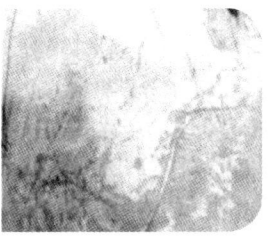

图4-14 泼蜡

③刻蜡

刻蜡是在织物上积蜡后，用刻蜡纸、钢针笔、剪刀、锥子、线针等任何身边可利用的工具进行刻画纹样，来表现比较细腻的画面。如图4-15所示的运用剪刀工具进行刻蜡。

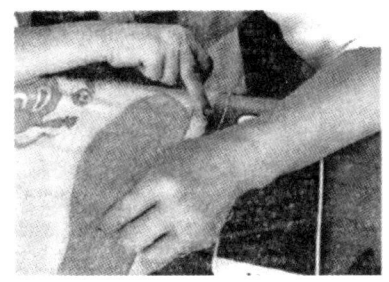

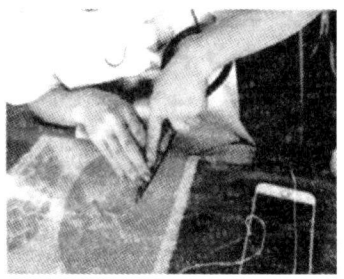

图4-15 利用针、剪刀工具刻蜡

④晕蜡

如图4-16所示，晕蜡是制先将织物浸染为浅色，再用吹风机把蜡吹其晕化后染深，使画面形成深浅层次的纹样。此法比较费时，适合局部操作。

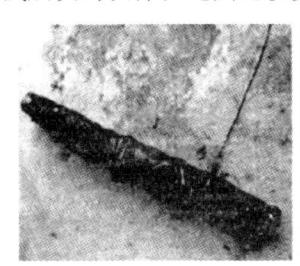

图4-16 晕蜡

⑤捆扎注蜡

这种绘蜡的灵感来源绞缬，制作的方法也与绞缬的方式相似，如图4-17、4-18，用针线扎好织物后注入蜡液，等蜡液凝固后拆线，将封蜡部分入染做出冰裂纹，后上色。

图4-17 针线缝扎注蜡　　　　图4-18 利用工具捆扎注蜡

⑥绘蜡

将布料上画好的轮廓，用准备好的铜制蜡刀（大小不等）或者毛笔等其他工具在不需要染色的位置进行绘蜡，如图4-19、4-20所示。绘蜡一般用于复杂且精致图案上，如传统动物、窝妥纹图案等。

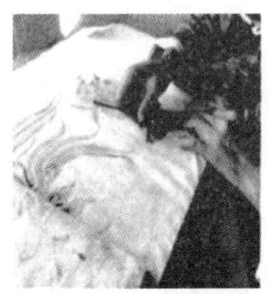

图4-19 传统动物图案　　　　图4-20 传统窝妥纹

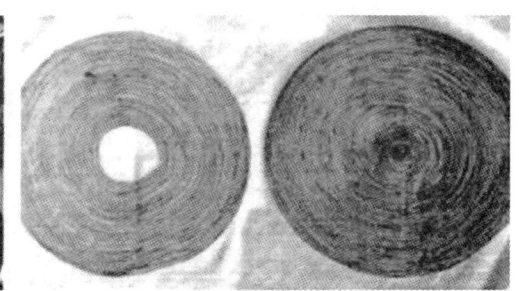

（2）褪蜡技艺

煮蜡，如图4-21所示，在放清水的锅中加入适量肥皂水等其它清洗剂，水量没过染织品，把水烧开后把染织品放入锅中，反复搅动，等蜡都融化，将其取出来用清水洗净。

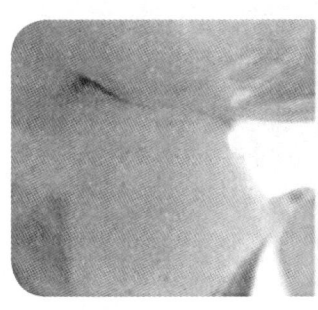

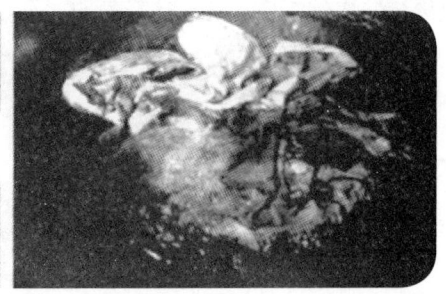

图4-21 煮蜡

烫蜡，如图4-22所示，把染品用报纸夹在中间，用熨斗不断地熨烫，并且不断地更换报纸，直到将蜡烫净。

图4-22 烫蜡

蜡缬的表现技艺就是画蜡,也称作封蜡,将不需要染色的地方进行封蜡。在封蜡的过程中,对于不同的肌理,不同的面积所使用的工具也不同,如线条肌理,就可以选择蜡刀或毛笔等工具封蜡,且注意运笔速度,出现面积大的情况下也可使用大毛刷,可根据画面所需来选择封蜡方法。

3. 传统夹缬技艺

夹缬又叫夹染,与扎结防染的绞缬、蜡防染的蜡缬不同,夹缬直接用木制花版进行防染。夹缬在日本称之为"折文布",在中国夹缬最开始出现在秦汉,在隋唐时期大盛。

夹缬是把所需要染制的织物根据需求折叠起来,夹在木质花版之间,用架子把花版套牢,夹紧织物,使所夹花纹被染料渗透,把所需要的各种染料以浇注的方法,将颜色染印在织物上,染好后取出,等染织物干了之后把夹版拆开,织物显现出相对应的花纹。[1] 在新疆维吾尔自治区博物馆收藏有唐代"狩猎纹夹缬绢",如图4-23,以及日本正仓院收藏的唐代"羊木臈缬屏风",如图4-24。

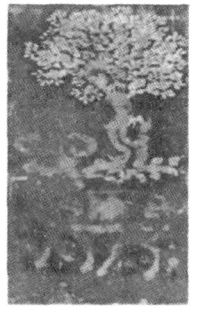

图4-23 狩猎纹夹缬绢　　图4-24 羊木臈缬屏风

传统夹缬工艺在浙南地区仍然存在,夹缬也可以制作成蓝底白印花布,又称蓝夹缬。现在的夹缬具有古朴典雅的色彩、又有丰富多彩、璀璨夺目的图案纹样、图案内容变化多样及高明的制作工艺,简洁之美而闻名。制作夹缬过程如表4-1。

---

[1] 吴元新,吴灵姝. 传统夹缬的工艺特征[J]. 南京艺术学院学报,2011(04):107-110.

表6-1 夹缬工艺过程

准备土布	取长10米、宽50厘米的干净棉布浸水,等晾干后把布等分折叠成40厘米左右,做好标记,卷在竹棒上面
准备染料	准备靛青染料
装土布于雕板	利用尺子,在做好标记的棉布上,将布按照顺序铺排于17块雕板中间,然后拴紧雕板组框架,用螺丝刀拧实
入缸染色	用杆吊雕板组入缸,开始染色。浸染30分钟左右,吊离染缸,在空中停留一小会,再一次进行浸染,对雕板组进行上下翻转,反复浸染三到四次。浸染过程中保持棉布褶皱处平整,以防发粘
卸布洗晾	从雕板上取下染布,放入河水中漂洗,然后挂在高竹架上晾干

4. 传统灰缬技艺

灰缬,民间称挂浆缬,又称糊染,是一种唐代甚为流行的、用碱性防染剂进行防染的传统印花工艺。灰缬蓝印是蓝印花布的代表性工艺,同时也是对蓝印花布最生动的诠释,区别于蜡缬、绞缬和夹缬蓝印工艺,在民间染织品大量运用在人民日常的生活中,应用于衣服、饰品及被套、窗帘、包、蚊帐等家用纺织品,深受人民的喜爱。灰缬蓝印有着长远的历史,工艺特点鲜明,创作思想深刻,是民间智慧和艺术创作的结晶,在民间广为流传、普及。

在新疆出土的大量唐代丝织物中有不少是灰缬,如图4-25、4-26为吐鲁番出土的"原色地印花纱"和"绛地白花纱"和敦煌出土的"白色团花纹纱"都是这种技术的代表。

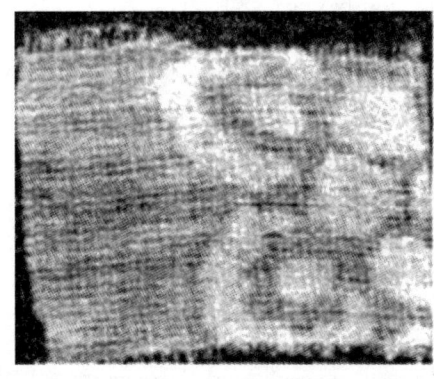

图4-25 原色地印花纱　　图4-26 绛地白花纱

灰缬是以漏版刮浆法制作蓝印花布,而使用的材料简单易得,制作工艺过程简单方便,更加关键的一点是可以在民间大量生产及销售,广泛流传在民间。表4-2是刮浆染的传统工艺过程。

表4-2 灰缬刮浆染的传统工艺过程

刻板	在刷地桐油的纸板上刻花。竖直握刻刀绘刻，上下层花形保持一致。刻刀斜口单刀、双刀、圆口刀，刻版需垫一层垫子使刀口不受到损伤，使用刻刀刻画自如
刮浆	将花版固定于桌面，花布打湿放置花版下面，黄豆粉与石灰混合作用于防染，调制黏稠状态便于附和布面，均匀刮于花版上
揭版	自花版一角直立掀起，不可拖拉需一气呵成，以免损坏花样的整体性
浆布	把印有防染浆的坯布吊挂使其晾干，才能放入染缸侵染
卸布洗晾	将布从雕板下取出，平放于河水漂洗，然后挂在高竹架（铁架）上晾干
染色	染缸调好颜色后，将浆布放入清水中浸泡一刻，再平均放染缸大约半小时
显色	布面需要均匀氧化，取出的布得悬挂于通风处让其透风，还得不断摇晃布面，以达到显色目的。重复多次染色让其达到理想的效果
刮白	以缸布晒干后的灰碱偏重，需泡酸水固色，再清洗以把布面摊平，以斜倾四十五度用菜刀均匀地用力刮去灰浆
完成	刮去灰浆的布反复清洗二至三次，洗去残留在布面的灰浆，挂于竹竿上晾晒。

（二）传统染缬技艺的创新应用

1. 梳理传统染缬文化样貌

梳理传统染缬遗存中的大量染缬文化信息。通过整理传统染缬的地域、时代背景、分布态势、历史起源、表现形式、审美特征、发展特点，研究图案纹样、原料材质、工艺技法、生产方式、民间习俗、日常使用，能够挖掘传统的造物理念、工匠精神、文化历史渊源、中式生活的生态法则，探寻西部多民族交往的文化内核、汉唐意韵的美学特征，梳理总结传统染缬文化内涵。

2. 打造传统染缬文化IP品牌

文化IP特指一种文化产品之间的连接融合，是有着高辨识度、强变现穿透能力、长变现周期，自带流量的文化符号。新时期，在"双创"的大背景下，寻找体现丝路文化、传统文化、西部文化的独特形式语言和造型法则，以染缬艺术的形式，创造出特征鲜明的传统染缬文化IP品牌，并强化这一IP的现代化、时尚化和形象化的演绎。品牌以传承西部染缬、再现汉唐瑰丽、韵染时尚生活为定位，引领新中式生活、开发新文创产品，实现传统染缬与创意设计、现代科技及时代元素的融合。[1]

（1）引领新中式生活

通过染缬的传统工艺，引领植物印染、手工工艺的传统造物理念，应对当下批量生产、千篇一律的消费占有性文化，推崇中华传统文化的精神理念，强调人的心灵与自然之物的和谐共生。

---

[1] 陈先达. 中国传统文化的创造性转化和发展[J]. 前线，2017（02）：33-38.

（2）开发新文创产品

通过运用互联网思维、数字技术、跨界业态方式，提升具有敦煌艺术特色和西部文化特征的染缬品牌文化内涵和符号作用。应积极打造形式多样的生活家居染缬设计品系列、染缬文化研学体验与专业培训项目、染缬服饰舞台系列、染缬主题影像创作等，进而带动西部工艺美术产业全面发展。

3. 赋能传统染缬文化产业升级

在数字赋能时代，以"数字+""科技+"为切入口，通过传统染缬文化资源的数字化整理保护、染缬文化的云端展览与场景体验、染缬的新媒体艺术表现等，推动传统染缬文化内容向沉浸式内容移植转化，丰富虚拟体验内容；发展"互联网+展陈"新模式，积极改造升级染缬艺术博物馆展示方式；加强染缬文化产业平台建设，扩大优质数字染缬文化产品供给，推动线上线下融合发展。运用5G、VR/AR、人工智能、多媒体、人工智能等数字技术，探索培育染缬文化数字产业新型业态。[①]

（1）染缬资源的数字化整理保护

对其进行梳理和整理，重新认识其本身所蕴含的文化因素。应提取形态基因、色彩基因、纹样基因和工艺基因，并通过分析图谱进行可视化表达，构建传统染缬文化资源数据库。

（2）染缬文化的云端展览与场景体验

在5G时代，依托智慧型染缬研学模式，在互联网供给链端用数字化实现染缬技艺从植物染料种植、染料提炼、电子手绘、计算机染色到作品成型的过程，有效解决传统染缬研学困扰，创新应用场景，科技赋能染缬技艺研学向前发展。

（3）染缬的新媒体艺术表现

着力孵化出一批线上基于染缬的动画内容与线下场景体验深度结合的优秀案例，开发具有广泛应用价值的手机App软件，通过调查消费者媒介接触习惯，占领移动端用户的视觉焦点。

4. 构建传统染缬文化产业体系

积极建设环保无污染的染料种植观光农业、人力聚集的染缬手工业、参与互动性强的染缬体验旅游业。通过协同思维，横向打通这三大产业链条，构建传统染缬文化产业体系，实现染缬文化在各个产业的全面融合发展。

（1）植物染料种植观光农业

目前西部地区大量种植栀子、苏木、万寿菊、桑葚、姜黄、茜草、蓝草、紫草、红花、五倍子等染料农业作物，既为染缬工艺流程中的上游产业提供了丰富、经济的原料供给，又为人们提供了观赏、品尝、娱乐、采摘等休闲活动，带动了相应的旅游、饮食、住宿、交通、土特产品销售等行业的发展，解决了农民的就业问题，促进了第三产业发展。

---

① 赵丰. 中国丝绸艺术史[M]. 北京：文物出版社，2005：62.

例如陕西韩城拥有丰富的种植柿子的历史和经验，在政府和企业的带领下，因地制宜，多元化的发展柿子产业。围绕着柿子，开发出柿饼、柿子酱、柿子醋等一系列的农产品。在废弃的柿子皮中无意中开发了柿子染，将柿子染用于柿产品的包装上，既可以让浪费的柿子皮得以利用，又提升了品牌价值，增强了地域的柿文化。再比如核桃青皮、石榴皮、桂圆壳、柿子叶等其他农作弃物也可用于印染，根据媒染剂的不同，又可呈现出不同的色彩。在植物染的研究过程中，围绕可持续发展理念，合理地利用好不同季节的农产品和植物废弃的部分，与染缬文创完美的结合，变废为宝，开创出独特的"绿色"染缬文创。

（2）染缬手工业

加快传统染缬工艺与创意设计的结合，增加科技含量和文化含量，提高产品的附加值，设计符合当下消费时尚的新产品，在产品中见人、见物、见生活。在促进染缬手工业振兴的过程中，通过"非遗+扶贫"的方式，培训农村闲散劳动力学习染缬基础工艺，提高贫困人群的就业能力。

（3）染缬体验旅游业

推广染缬技艺体验培训活动和非遗文化研学活动，整体助力"非遗+旅游""非遗+扶贫"项目。实现传统变时尚、扶志扶智脱贫致富，为传承千年的文化遗产带来生机。

在快速的城市化进程中，由于生态环境不断遭到破坏，人与自然的隔阂日益加深。于是，人们开始祈求回归乡野，寻找内心的精神和安宁的乐土。随之，围绕着旅游产业为中心的民宿相拥而起，但大多数的民宿都缺乏文化和生态体验。比如台湾的卓也小屋不仅种植马兰和进行蓝染制作，还将吃、住、游、购、娱都涵盖进来，打造体验式农业生产、倡导传统与科学结合的农村生态理念。呈现出了超前又传统的农间生活，完美颠覆了我们以往对"民宿"的理解。图4-27、4-28为卓也小屋的蓝草种植基地和蓝染体验室。

图4-27 卓也小屋的蓝草种植基地　　图4-28 卓也小屋的蓝染体验室

二、传统染缬技艺在文创产品中的开发应用与服务设计

（一）染缬艺术文创产品的设计与开发

染缬艺术文创产品的设计创作，是将文创产品的概念引入到染缬艺术的发展中，以传统染缬艺术为原型，经过创新性的设计开发，完成相关产品的设计制作。将染缬艺术所蕴含的文化内涵和艺术精髓通过现代商品的方式展示出来，使文创产品成为染缬艺术品开发的载体。

1. 深度挖掘艺术价值

（1）独特性

染缬艺术因其创作者、创作形式和创作过程等方面的不同，可以形成其特有的艺术表现力和吸引力。染缬艺术品的制作者可以根据自身的创作意图和丰富的想象力，将现实事物、内心情感、艺术感受等内容融合在一起，以染缬技艺加以表现，创作出风格鲜明、个性突出的染缬艺术作品。不仅如此，染缬艺术作品也具有其他手工艺作品共有的特点，即唯一性，也就是指任何一件手工染缬艺术作品都是独一无二的，这取决于它的制作者、制作工艺和制作过程。我们知道，每个人的创意思维都是独特的，创意方法和表现形式也各有不同，即便是使用同一设计稿进行设计创作，也会因为制作过程中缝、捆、扎等环节中力度及方法的不同，染料运用的不同，所选承印织物的不同，而使染缬艺术作品最终呈现出变幻莫测，形式多变的艺术效果。

随着时代的发展，回归自然、返璞归真的主题逐渐成为人们向往的生活方式，一件传统而独特的手工艺制品也因其具有的纯朴气质为人们所喜爱。同时，现代的人们追求个性化消费和多样化的审美，染缬艺术作品的独特性能够很好地满足人们的消费需求和审美特性，并且为不同的消费者创作出风格独具的染缬艺术作品。染缬艺术衍生品的设计与开发也应考虑到染缬艺术品所具有的独特性。例如，可以在染缬艺术品销售的过程中提倡体验式消费，让消费者成为染缬艺术品的制作者，亲自完成染缬艺术作品的设计与制作过程，消费者可以将自己的喜好和情感融入到设计稿的绘制中，再选择适当的材质和工艺进行加工，最终得到一件无法复制的染缬手工艺作品。这样的销售模式不但能够使消费者更直观更真切的感受染缬艺术的魅力，也能够构建起由制作到销售的完整产业链，将染缬艺术的创作与市场需求紧密结合在一起。

（2）实用性

染缬艺术源于民间，在古代，染缬艺术就开始运用在人们的日常生活之中，因此，染缬艺术作品不仅需要表现出极高的艺术性，更需要具备良好的实用性。传统的染缬艺术多用于服饰和家居用品的设计上，而现代市场则给了染缬艺术更为广阔的发展空间，我们可以在许多设计作品中看到染缬艺术的运用。对于染缬艺术衍生品的设计与开发而言，在设计与开发的过程中应该将染缬艺术的艺术性、民族性与实用性进行有机的结合。从产品使用性来说，我们可以将染缬艺术引入服饰（图4-29）、包（图4-30）、鞋帽

（图4-31）、雨伞（图4-32）、餐具等生活用品之中，使衍生品的设计能够直接为消费者所使用；从产品装饰性来说，我们可以将染缬艺术以手工或机器的方式进行生产，制成不同材质、不同形式的工艺制品，如建筑、壁挂、装饰画、屏风、瓷器等。在染缬艺术衍生品的设计过程中，民族文化的体现也显得尤为重要，民族文化是染缬艺术民族性和艺术性的来源。染缬艺术遍布我国多个省市，因各地历史文化、民族文化和民俗特色的不同，所创造出的染缬艺术作品也都充分体现了本民族的文化艺术特征。由此可见，将艺术性、民族性与实用性相结合打造出的染缬艺术衍生品，能够保留染缬艺术独特鲜明的个性特征，又能够为其增添浓郁的民族风情，同时，这样的设计创新也能够更好地对染缬艺术进行传承和发展。

图4-29 染缬艺术服饰　　　　图4-30 染缬艺术挎包

图4-31 染缬艺术布鞋　　　　图4-32 染缬艺术雨伞

（3）创新性

染缬艺术有着自身独特的艺术魅力和商业价值，在保护和继承中应着力完成创新与开发。从染缬艺术创新发展的过程中，我们可以看出现代科技所发挥出的重要作用，传统染缬艺术借助现代化的手段完成了蜕变。新的染缬艺术品在保留了原有文化内涵和艺术特色的基础上，对传统染缬艺术的精华进行挖掘、提炼和应用，使传统染缬艺术焕发出了新的生命力，完成了古为今用的设计，而染缬艺术衍生品的设计与开发正是对其创新性改革的最好体现。

染缬艺术的创新发展不仅局限于对现代科技手段的运用，更体现在将传统染缬与现代商业运作模式进行接轨，使传统艺术与现代市场需求相对接。一方面，可以对染缬艺术实行整体的包装营销，将染缬艺术从生产到销售的环节都以商品的形式进行销售，现今很多手工艺作坊都采用此种运作模式来销售服务和产品。另一方面，商业产品可以通过对染缬艺术元素的借用提升产品的附加价值。未来的染缬艺术发展应以文化艺术内涵为底蕴，以现代技术与传统工艺的结合运用为核心，以市场需求为目标，使染缬艺术的发展进入可持续发展的轨道。

2. 解构染缬艺术语言

（1）图案语言

染缬艺术中图案纹样的设计与地域特色、民俗文化以及制作者的自身感受都有着密切的关系，如何提炼染缬艺术的图案元素并进行再设计，是染缬艺术衍生品设计和开发的主要内容。染缬艺术中的图案纹样造型是人们在长期的生活实践中，通过对自然景物、人物、事物以及社会活动的深刻认知，在此基础上理解、分析、创作出的物化形态，最终以艺术与技术的完美结合呈现出效果多变，形式多样的图案纹样。当代，随着市场的转型、生活方式的转变和消费观念的提升，传统的染缬艺术品已经难以获得消费者的喜爱。染缬艺术在图案纹样创作时应在对传统技艺和传统纹样保护和传承的同时，发挥传统图案纹样的艺术特色，在此基础上与时俱进，不断创新，设计出富有鲜明个性特征的产品，使其不仅能够满足人们对产品的基本需求，更能在审美价值、艺术价值上做出提高，有效提升商品的附加价值。例如，现代的很多染缬艺术衍生品就注重传统工艺与现代设计的结合，将传统的染缬图案在不同材质上进行印染，可以设计出产品包装、家具饰品、衣服鞋帽等；也可以运用现代科学技术对图案纹样进行改变，将传统的平面图案转换为立体图案进行印染，数字化技术的运用设计创作出了丰富的三维视觉形象，既能够满足消费者对空间感、层次感和立体感的视觉需求，也能为染缬艺术的设计创作扩展出新的空间。

（2）色彩语言

色彩有着先声夺人的优势，能够快速地引起关注，吸引消费者的关注度。这样的特性在染缬艺术中也被很好地体现出来。染色是染缬艺术创作过程中的一项重要环节，也是染缬艺术创作的重要手段。染缬艺术中的色彩因其原料的特殊性和独特的工艺效果，使染缬艺术作品能够呈现出变幻莫测、层叠交融的视觉效果。染缬艺术作品中的色彩多以晕色的效果来进行呈现，而这种晕色效果也是染缬艺术中最具代表性的艺术特性。常见的晕色分为两种，一种是单色晕色，另一种是多色调和晕色，传统的染缬工艺是由单色晕色逐渐发展为多色调和晕色的。晕色是指在染缬过程中，由于对织物进行捆扎、缝绑时松紧度的不同，使布在染色的过程中对色料的吸收情况有所不同而产生的一种肌理效果。染缬艺术品为人们所喜爱也是因为这种特有的晕色效果，这种晕化在图案及色彩之间形成自然的过渡，为整幅作品勾勒出朦胧层叠的色彩效果，令人产生无尽的遐思。最为重要的是，这种特殊的染色工艺带有很强的偶然性，每次的印染效果都是截然不同的，这与机械化的整齐划一形成了鲜明的对比，多变的色彩和图形，无法复制的艺术效果，这些都是现今人们在消费时所关注的卖点。在衍生品的设计开发时，运用染缬艺术色彩的特性，可以为很多商品塑造出全新的形象。例如，在服装设计中，简单的白色T恤经过染缬工艺的加工，就能成为色彩绚丽的时装，再配合印染所形成的天然褶皱效果，平面织物的表现层次和表现形式更为丰富，形成了一种新的设计形式。

在日用品的设计中，染缬艺术的色彩可以被应用到餐具、电器、手机外壳等的设计制作中，为现代设计产品增添了浓郁的艺术气息和民族韵味。随着人们消费观念的转变，现代人对色彩的需求也愈发的强烈，简单的配色已经不能满足人们的需求，而染缬艺术以其独有的色彩魅力在市场中形成了鲜明的优势，成为了染缬艺术品设计和开发的突出优势。

（二）基于染缬技艺的文创产品设计创新实践

1. 染缬技艺在服装设计上的创新应用

服装设计属于工艺美术范畴，是实用性和艺术性相结合的一种艺术形式。服装根据不同的性别、年龄阶段以及不同的穿着场合、服装的功能可以分为男装设计、女装设计、童装设计、职业装、休闲装、礼仪装、内衣等多种。色彩、款式、面料是服装设计的三要素。其中，图案是色彩设计的重要内容。笔者认为，可以从图案与服装类型这两方面将染缬与服装设计相结合。

（1）传统图案的创新

图案是一种实用和装饰相结合的美术形式，具有很强的创作性、创新性。传统图案不是无本之水，它是一定的社会形态的审美体现，是一定的社会文化精神特性的体现。[1] 过去染缬的图案元素更多的是表达人们的自然崇拜、祖先崇拜亦或者是生殖崇拜，是基于当时的社会环境产生的。随着时代的发展，传统的图案无法满足当代人的审美需求和情感需要。所以，有必要对其图案进行一定的创新。

图案创新具体可分为两个方面：一是图案内容的创新，二是图案在服装上排列规律的创新。我们可以将传统的图案再设计或者开发新的图案通过染缬技法将其应用在服装上，实现对图案内容的创新；改变传统染缬服饰中染缬技法用于服装全身的满身排列方式，只用于衣服某个部位，留一定的空白或作拼接、刺绣等其他设计，使其更具现代感，实现对图案排列布局的创新。过去的蜡染服饰中，蜡染图案遍布服装的全身，图案排列

---

[1] 郭绍义，高亮. 谈中国传统图案教学的创新 [J]. 大众文艺，2011（01）：236-237.

较为紧凑，制作过程也较为耗时耗力（图4-33）。笔者认为，只在服装的某一局部运用传统染缬技法对服装做一定的装饰，避免染缬技艺在服装上满身排列，在一定程度上又可以减少染缬工艺技法运用的数量，提高效率，降低成本，使更多的人可以避免因价格昂贵而望而却步。图4-34是运用传统染缬技法参与设计制作的服装，作品并没有将染缬技法用于全身，只在衣服的袖子、衣领、腰带等位置做局部运用，并结合拼接等设计手法，使其更具现代感。图4-35是将贵州苗族蜡染纹样中的鱼纹做了简单提炼并设计的三款系列T恤，其中，图4-35（a）是将鱼纹作为一个小Logo的形式印在衣服的左上角，图4-35（b）是将纹样放大以白底蓝花的形式印在T恤中间，图4-35（c）则是以蓝底白花的形式印在T恤上，图案简约不失现代感。同时图案简单，耗时少，不会因成本高而导致价格高，又可以让更多的人了解到传统染缬技艺。

图4-33 传统蜡染服饰

图4-34 染缬技法在服装局部的运用

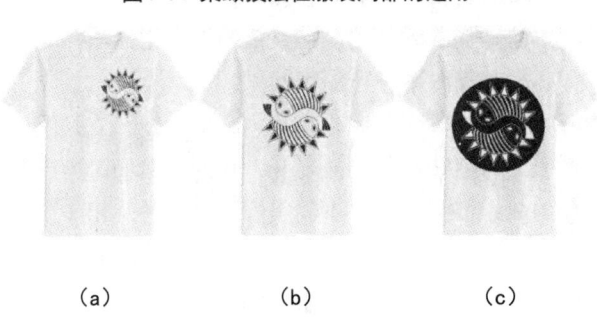

（a） （b） （c）

图4-35 蜡染T恤设计作品

（2）服装种类的创新

染的技法可应用的范围有很多，不仅可以运用在成人的日常装、休闲装、运动装、礼服上，更可以将其运用在婴幼儿服装上以及内衣保健制品领域。图4-36是运用扎染技法设计制作的礼仪服装，高领、无袖、裙长及地；通身采用扎染技法，恰到好处的防染效果，服装清丽、淡雅，得体端庄优雅，展现了中华民族传统服饰的含蓄美。

图4-37是某时装秀上的扎染连衣裙系列，将扎染元素运用到连衣裙中，清新亮丽，简单的白蓝色组合却不显单调。除此之外，在众多秀场中都可以看到扎染元素的身影。可见，传统的染缬技艺越来越受到设计师的喜爱，经历了两千多年的历史，历久弥新，除了可将其应用在成人服装的制作上，

图4-36 扎染技法在礼仪服装上的运用

将传统染缬技艺中的天然植物染色应用在婴幼儿服装、玩偶领域也是拓展其在服装领域的创新路径之一。众所周知，婴幼儿是最容易受到伤害的群体，皮肤薄、抵抗力差、易过敏，尤其是在夏季，蚊虫叮咬更是需要值得防护。化学染料色泽艳丽，但是并不具备防蚊虫叮咬、环保、无污染的功效，而植物染料染制的服装可具备上述功效。因此，将植物染色应用在婴幼儿服装上就很有必要。

图4-37 某时装秀扎染

除此之外，将其运用在保健内衣的制作上必将拥有广阔的发展前景。如今，人们在对外穿服装要求不断提高的同时，对贴身穿着的内衣的健康性和安全性的要求也越来越高。而传统染缬技艺中的染料——纯植物可以更好的满足这一要求。植物染料无毒无害，对皮肤无过敏性和致癌性，具有良好的生物可降解性和环境相容性，不仅如此，天然植物染料中有很多源于中药材，具备药物作用，有的可抗菌消炎，有的可杀菌护肤。比如染蓝的蓝草具有杀菌解毒、止血消肿的功效；石榴皮所含石榴皮碱是驱虫的主要有效成

分，具有收敛止血、抗菌杀毒、延缓衰老的功效；苏木，又叫苏枋，具有活血化瘀、消肿止痛的功效；紫草具有显著的抗菌抑菌功效。这些纯植物染料与保健内衣制品的结合必将能够很好地迎合现代人的实际需求，也为染缬技艺的传承与发展提供了一种新的契机。

2. 染缬技艺在软装饰设计上的创新应用

软装饰设计是室内硬装修的二度装饰，可以进一步完善硬装部分的不足，优化整体室内装修，凸显室内设计风格，提高居住者的居住体验效果。软装饰设计有助于提高室内的美学品质，让室内环境更加具有风格特征和文化属性。软装饰设计的元素具体包括家具、家纺、装饰画、窗帘、地毯、摆件等等。

（1）染缬技艺在摆件、装饰画上的创新

随着生活品质的提高，人们在物质生活得到满足的同时也越来越注重精神生活水平的提高，同时富裕起来的消费者对装饰品的要求逐渐变得个性化，反映在家居装饰上就是各种装饰品在具备装饰性的同时更要具有艺术性、个性。将传统染缬技艺与装饰设计相结合既可以丰富装饰设计的品类，在一定程度上又可以让更多的人认识到传统染缬的魅力。染缬技艺在装饰设计上的应用可以有很多，比如用扎染或者蜡染处理过的面料做的布玩偶，用扎染的面料做的布艺花，或者运用传统的染缬技法表现现代元素然后装裱成的装饰画，等等。图4-38是利用做扎染时候剩余的边角料做的装饰画，在装饰的同时实现了环保、绿色、可持续。

图4-39是运用蜡染技法绘制的百福图，是少数民族技法与汉族吉祥图案的结合，利用蜡的防染使面料呈现出"福"字形。在汉族文化中，"福"是诸事皆吉的总称，代表人们对吉祥如意的祈求，百福图字体造型稳重、端正。利用蜡染技法创作的百福图既有心意又有一定的创意，挂在墙上作为装饰品或者赠送朋友都是不错的选择。

图4-40是用染缬技艺制作的布艺花，将板蓝根染过的布料裁剪成花瓣和叶子的形状，将其组装，并在花苞里加入一些助眠、安神的药材，可达到装饰与实用的双重功用。

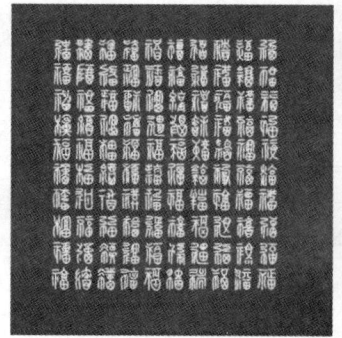

图4-38 扎染装饰画　　　　图4-39 蜡染百福图　　　　图4-40 扎染布艺花

第四章　传统染缬技艺在文创产品中的开发应用与服务设计

（2）染缬技艺在家具上的创新

人们的环保意识日益增强，越来越多的人向往自然、绿色、生态，考虑所用产品的天然性以及环保性。传统染缬技艺采用植物染，其具有的环保性、抑菌防虫性及其自然之美是其他化学染无法比拟的，因此将其运用到家具制作上不仅美观而且有益健康，兼具艺术性与实用性。利用传统技艺让扎染从平面走向立体，走向沙发（如图4-41）、靠枕、麻毯等家具用品上，其作品不仅具有极强的工艺性，在日常生活中也非常实用，堪称传统染缬技艺与家具设计的完美结合。

图4-41　林芳璐扎染沙发

在传统技艺整体性保护上，将传统染缬技艺与家具设计相结合，不仅有利于实现家具设计领域的创新发展，同时还能进一步挖掘传统染缬技艺的市场价值，提高产品附加值，使传统染缬技艺更好地融入现代生活，促进传统技艺的传承与保护。[①]

（3）染缬技艺在家纺上的创新

家纺行业作为纺织业的三大终端产业之一，是传统的民生产业。在纺织业终端产品中的占比仅次于服装用纺织品，是现代纺织业的重要组成部分。随着社会生活水平的提高，家纺产品的消费正从实用性的单一品种消费向多品种、高质量、系列化、个性化的消费过渡，并日益呈现出轻松简约、清新淡雅、艺术个性、返朴归真的审美趋势。因此，将染缬与家纺相结合既可以更好地满足现代人对家纺设计的高需求，又可以将家纺设计与优秀的传统文化相结合，进一步增强我国家纺品牌在国际家纺领域中的地位。然而，部分国民并不了解传统染缬技艺中纯植物染色的特点，对植物染色所具备的健康、环保、生态更是缺少认知，因此要加大对植物染色的宣传，让人们了解传统染缬技艺的内在价值。如图4-42、4-43所示是染缬技艺制作的抱枕，并将民宿的枕头、

图4-42　扎染抱枕　　　　**图4-43　民宿中的扎染**

---

① 肖劲蓉. 墩头蓝染在现代家具设计及软装中的创新研究 [J]. 林产工业，2020，57（11）：60-64.

床单、被罩统一用扎染实现。

3. 染缬技艺在文创设计上的创新应用

文创产品以文化创意为基石，加入别出心裁的创意设计，同时不缺乏实用性，即文化、创意、功能缺一不可。文化创意产品并非是一种简单的商品，而是包含着深厚文化内涵和地域文化特色的一种有效载体，承载着文化传承的使命，迎合着时代的发展变化。[①]

近几年有不少产品通过融入文化元素、加入创意想法，成功获得人民大众的喜爱，比如台北故宫的"翠玉白菜伞"、南京科举博物馆的"盐水鸭别针"、三星堆博物馆的"青铜面具雪糕"、苏州博物馆的"秘色瓷莲花碗曲奇饼干"，这些产品在迎合消费者的审美、实际需求的同时，促进了优秀传统文化的弘扬和传承。文创产品的诞生与备受追捧，为染缬技艺的传承与发展提供了新的载体，设计师们受此启发将传统染缬技艺与文创产品设计相结合，设计出耳环、胸针、杯垫、古风书签、包袋、桌旗、雨伞等等系列产品（表4-3、图4-44、4-45），其中在包袋的设计中，除了运用到染的技法，还将刺子绣与拼布设计运用其中，旨在通过多种技法的结合设计出更丰富的产品，希望在满足大众生活需求的同时能够从更多方位挖掘优秀传统文化，助力染缬走向全国，乃至世界，真正实现民族的、更是世界的。

表4-3 染缬技艺系列文创产品展示

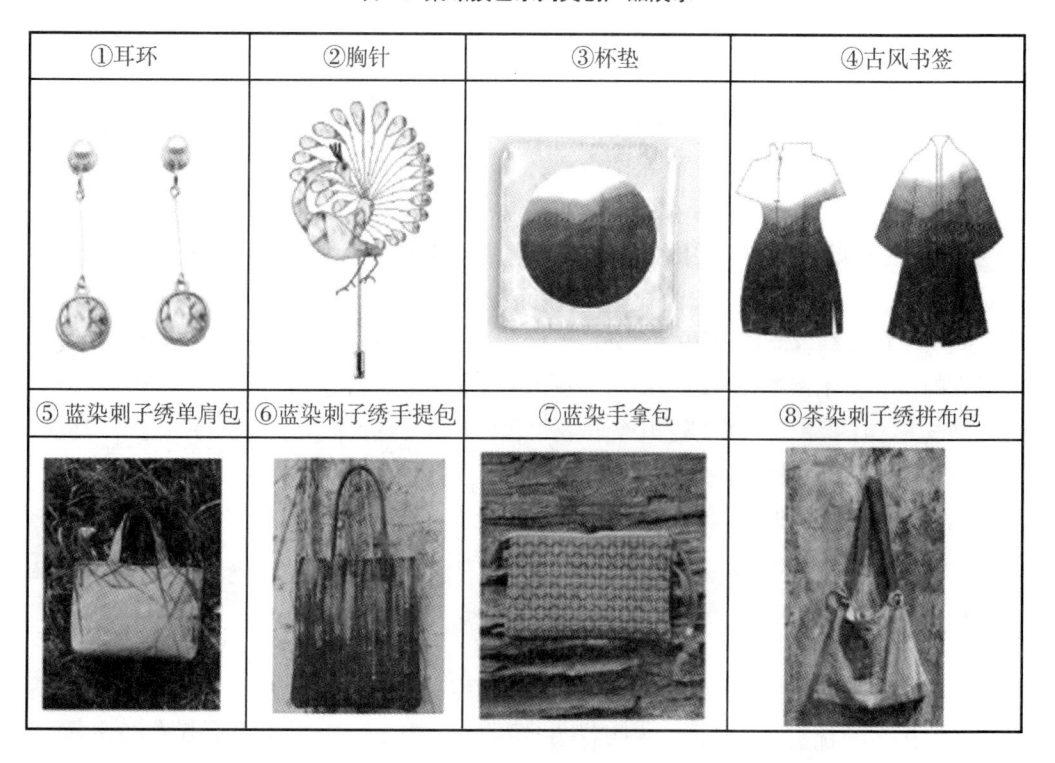

①耳环	②胸针	③杯垫	④古风书签
⑤蓝染刺子绣单肩包	⑥蓝染刺子绣手提包	⑦蓝染手拿包	⑧茶染刺子绣拼布包

[①] 郝婷，张振，范斌. 地域文化视角下文化创意产品的开发与设计[J]. 包装工程，2021，42（08）：276-279.

第四章　传统染缬技艺在文创产品中的开发应用与服务设计

4-44 染缬技艺桌旗

4-45 "年年有余"系列饰品

第五章　新时期服饰文创产品开发应用与服务设计融合路径

服饰文创产品代表的不仅是人们对于美的追求,还是国家和民族历史及文化的载体。服饰文创产品在传承传统工艺的同时又结合现代文化,其根本是服务育人,所以要做好不同时空的文化结合,服饰文创产品要在文化融合中发展,在市场交流中传承。做好新时期服饰文创产品,既需考虑中国传统元素和当下潮流元素的融合,还需兼顾服饰文创产品的服务性和反馈性,同时考虑符合现代大多数消费者的精神文化体验与差异性需求。

一、融合原则

(一)转化原则

习近平指出:"推动中华优秀传统文化创造性转化、创新性发展,让中华文明的影响力、凝聚力、感召力更加充分地展示出来。"[1] 这一论断为今后我国文化建设事业的发展指明了方向,也为新时期服饰文创产品开发应用与服务设计的融合明确了方向。

1. 创造性转化

"文化工业"带来的格式化、统一化生产消费机制使大众逐渐丧失理性思考,使艺术风格逐渐归于普遍丧失其原有的独立个性,同时让人们在消费文化财富的过程中对于"美"的审思逐渐淡忘而只追求一时享乐,使艺术失去真正的功能成为世俗的消费品。在此浪潮下,文化产品逐渐向商业产品转化,不仅失去了原本的文化、艺术内涵而且表现出同质化严重、表现形式单一的市场现象。各类历史文化资源不经推敲钻研直接提取应用,使得文创产品缺乏了应有的"文脉意识"、创意性以及趣味感等诸多必要元素。例如对文物的肤浅再现与随意拼凑,一些文创产品生产制造商片面地认为只要使用了鼎或者八卦元素就完成了所谓的创意,弘扬了中国传统文化而丝毫不顾及审美和文物背后的独特价值内涵。再如,对同一创意点的竞相模仿或是将历史文化元素生硬地拼贴在水杯、U盘、手机壳等不同载体之上,将文创产品的设计和对历史文化资源的开发仅仅停

---

[1] 习近平. 在第十三届全国人民代表大会第一次会议上的讲话(2018年3月20日)[M]. 北京:人民出版社,2018:9.

留在表面，不加任何深入思考和创意实践，导致产品的毫无审美艺术价值可言。

所以，对中国历史文化资源与当代文创产品之间的合理转化一定要避免走"文化工业"的老路，遵循"创造性转化"的新原则。如今，国潮艺术背景下传统文化与服饰文创结合产品的选择种类日益增多，产品的优胜劣汰就不可避免。如果商家过分肤浅理解、甚至"粗暴"对待国潮产品，终将沦为该类国潮产品竞争对手的"炮光"。国潮艺术背景的理念是开放的，其文化与产品融合的内涵和外延一直在不断放大，但本质上体验优秀精神文化和追求较高产品品质的逻辑内核不会改变。

创造性转化，就是要使历史文化资源不露痕迹地转化为当代文创产品，强调中国历史文化资源与当代文创产品之间的"无缝对接"，而非机械挪用。通过创造性转化，使传统文化不再是置诸高阁的陈列品也不仅仅局限于精英文化的专业领域，而是通过文创产品这一实体媒介以更加平易近人、广为人知的形态走入平民百姓的日常生活之中；同时作为文创产品，遵循创造性转化原则使其不再只是设计师的个人情趣、审美的物化表达，更多的是对文化语言的传达、对中国故事的讲述。

2. 创新性发展

人类文明发展史告诉我们，创新向来是世界文明保持源源不断的生命力和创造力的源泉。[1] 现如今我国正处于时代的制高点上，发展具有中国特色的文化产业更加离不开对中国优秀传统文化以及历史文化资源的创新和重塑。2017年印发的《关于实施中华优秀传统文化传承发展工程的意见》（以下简称《意见》）指出："到2025年，中华优秀传统文化传承发展体系基本形成，研究阐发、教育普及、保护传承、创新发展、传播交流等方面协同推进并取得重要成果，具有中国特色、中国风格、中国气派的文化产品更加丰富，文化自觉和文化自信显著增强，国家文化软实力的根基更为坚实，中华文化的国际影响力明显提升。"[2] 为了实现这一目标，并且更好地推动中国历史文化资源与当代文创产品之间的转化，创新性发展原则显得尤为重要。

创新性发展，就是要使中国历史文化资源通过科技、网络、新媒体等多种方式跨界融合，提高资源整合效能，并利用文创产品这一现代实物媒介不断扩大中华文化的影响力，同时以新颖有趣的形式、丰富多彩的内容为文创产品进行多元赋能，使其不断融入时代特色，发展成为当代人可赏、可用、愿赏、乐用的事物。通过创新性发展，历史文化资源能够以不拘泥与传统的传播途径走入大众视野生活，获得更为持久的生命力。一方面，无论是文化馆、博物馆、美术馆等各类公共文化机构，都能够为历史文化资源的展示传播提供空间场地。另一方面，通过与当代文创产品想关联，能够进一步挖掘和创新中国历史文化资源的文化内涵和经济价值，提高产品质量，培育知名品牌，让更多体

---

[1] 丁焕. 新时代弘扬中华优秀传统文化的路径探析[J]. 汉字文化, 2021（02）: 160-161.
[2] 中共中央办公厅国务院办公厅印发《关于实施中华优秀传统文化传承发展工程的意见》_中央有关文件_中国政府网[EB/OL]. (2017-01-25) [2023-05-01]. 0https://www.gov.cn/zhengce/2017-01/25/content_5163472.htm.

现中华文化艺术特色、具有较强竞争力的文创产品走向国际市场。除此之外，通过综合利用互联网等现代传播手段，推动中国历史文化资源的网络传播与文创产品的联动消费，构建全方位、多层次、宽领域的传播体系，建立扩大和引导文化消费的长效机制，使中国历史文化资源以视觉听觉触觉等多种感官形式深度嵌入百姓生活，真正成为城乡居民生产生活的必需品。

创造性转化，就是要使历史文化资源不露痕迹地转化为当代文创产品；创新性发展，就是要让这些文创产品发展为当代人可赏、可用，愿赏、乐用的事物。前者强调中国历史文化资源与当代文创产品之间的"无缝对接"，而非机械挪用；后者强调让用这种方法设计出来的文创产品被当代人喜闻乐见。在践行《意见》中各项指导方向的基础上融合多方资源以更加现代化多元的方式深入挖掘历史文化资源的文化及经济价值，使其能够与文创产品之间的转化更为高效有力，形成良好的社会文化生产环境和更有深度的文化自觉与文化自信。

例如，将国潮元素融入服饰文创品牌设计，展示品牌的文化内涵和差异化特征。追求时尚个性，设计品牌应注重结合中国传统文化，选取现代年轻人所追求的款式和色彩，追求着装人的个性风采。经过"再设计"满足绝大多数人的审美，品牌结合活字印刷，非遗纹饰、皮影、刺绣、国画、瓷器、青铜器、剪纸、京剧、脸谱、样式雷、昆曲、盘扣、青花瓷、兵马俑、蜡染等非遗和传统文化。[①]

（二）沉浸式交互原则

由大众参与的文化传承与保护才具有生命力，因此，沉浸性的互动、交互是博物馆服务设计中必不可少的设计原则之一。

近年来，在技术层面，借助互联网，大众能够随时随地掌握故宫博物院各类信息，具体方式与工具包括智慧故宫网站群、App、大数据等多种信息平台，其可通过围绕信息服务以及社会交往，于娱乐、社交、产品方面来开展沉浸式的交互服务。

沉浸式传播注重借助第一视角来形成直观感受，并利用构建和实际相似的虚拟场景来让大众在听觉与视觉层面实现仿佛亲临现场一般的切身体会。故宫在文化创意产业方面，为能向大众更加全面展现故宫的美丽景色，通过广泛采用全息投影、VR等新技术来打造线上虚拟场景，并通过线下文化创意产业传播进行推广，极大推动了故宫向沉浸式传播方式的转变。

为向大众展现出平时无法进行展示的历史文物，或是无法展现出的内容涵义，同时扩展体验方式、途径，其文化创意产业努力以推进实体数字展示的模式，最终打造出数字化展馆，并在移动端开发出了数字化项目，逐步打造、建立全方位覆盖的点、线、面网络传播体系，形成了真正意义上的的故宫数字化博物馆（如图5-1）。

---

① 齐昱存，栾海龙. 国潮背景下满族吉祥纹样在现代服装设计中的创新应用[J]. 山东纺织科技，2021，62（02）：43-44.

第二个案例为比利时的 me SCH 博物馆创新项目。创新团队将移动设备插入木制放大镜中，并将其提供给参观者，以识别并查看标有放大镜符号的文物的深入信息。

在第一次设计的原型迭代中，他们只是简单地给用户提供了一个 iPad，而用户可以使用的所有控件只有音量、开关等，虽说使用数字设备可为用户提供更多信息，但通过收集用户反馈得知，反馈结果却很糟糕，因为用户普遍对于转变了以往角色的 iPad 的按键、软件使用方法感到十分感到困惑。

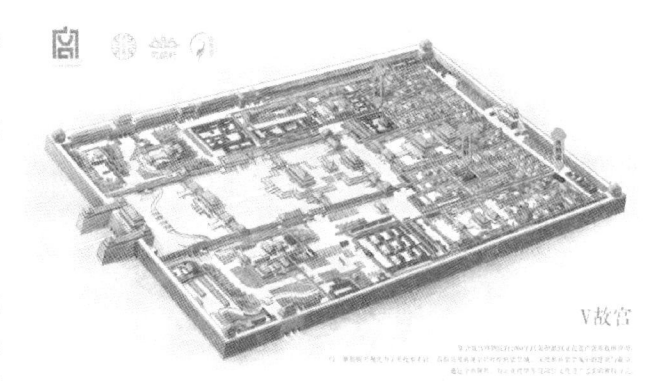

图5-1 故宫开启界面

而他们第二个"放大镜"形状导览器原型却帮助用户们克服了有关数字设备的许多障碍。观者更愿意去使用它，因为用户可以一种更自然的方式拿着它，就像拿起了真正的放大镜一样（如图5-2），并用它来观察事物。

（三）市场性与独特性原则

从消费者的角度出发，站在消费者角度去思考问题，更应注重产品的用户体验，即对服饰文创产品市场进行研究分析，将消费者心理进行全面调查，挖掘出消费者潜在的需求，找寻服饰纹样设计的要点，开发出具有鲜明地域民族特色的文创产品。

例如，壮族服饰文化与其他少数民族服饰文化有相同点，但也存在与众不同的特点。现代文创产品的新兴和发展要求独特性，壮族服饰纹样具有一定的特殊美感，可以将其图形符号运用到文创产品设计中，凸显其图形象征的文化内涵，对相同文创产品提供不同的设计，突出壮族服饰纹样的特点，提高文创产品的竞争力，合理地运用民族文化的独特性。这种独特性是吸引消费者购买的重要因素，对壮族服饰文化将产生深远的影响。以壮族服饰纹样为基础设计的文创产品，区别于普通的同类产品，更具有美观性。好的设计可以给人以美的感受，让消费者在购买和使用时，物质层面和精神层面都能得到满足。在产品的设计和制

图5-2 比利时 me SCH 项目的博物馆导览器创新版

作时，追求造型优美、工艺精湛，运用现代设计方法，制作出精致有型的文创产品，能提高人类的审美情趣和对艺术的鉴赏能力，促进人类精神文明发展与建设。

文字是中国博大精深文化的重要体现，在生活的方方面面都脱离不了文字。现代文创产品设计中，字纹样也应用得较多，大多数是利用文字色彩和字体的整体设计。

回形纹作为一种装饰图案，自古流传至今，民间俗称为"富贵不断"，蕴含着吉祥和财富的寓意，这也是回形纹广为传播的原因之一。目前，一些文创产品也以回形纹为边缘装饰，在日常生活中如果留心就会发现身边一些图案，通过二方连续所特有的方式进行构图，对回形纹单独进行排列，是文创产品中比较常见的一种纹样图案（如图 5-3，5-4）。

图5-3 回形纹丝巾设计效果图　　图5-4 回形纹手袋设计效果图

二、融合路径

（一）符号融合

符号融合是指将中国历史文化资源的内容进行提炼，使其成为一种文化元素或符号融入不同种类或功能的文创产品之中。此关联方式多应用于当代"实物类"文创产品，具体转化及关联表现过程可以分为对中国历史文化资源的内容进行元素提炼的符号化设计和重塑表达的品牌化推广。

1. 元素提炼的符号化设计

早在古希腊时期开始，符号就已经可以成为一种用以传递信息的载体。19世纪末，由索绪尔正式提出符号学理论，认为符号可以分为有具体存在形式的符号能指和可以表达内涵意义的符号所指两部分，其中，能指指代一些具体的纹样、图标、颜色等，所指即指纹样所代表的某个文化内容等。英国社会学家迈克·费瑟斯通（Mike Featherstone）在阐释城市文化与城市生活方式的变迁时指出："当代西方社会中文化领域的一般性扩张，不仅说明了文化商品与信息市场的扩大，而且也表明，商品的购买与消费这种假定的物质行动，不断被弥散的文化影像（通过广告、商品陈列与促销）所调和、冲淡，而商品记号与符号方面的消费，反倒成了满足消费的主要源泉。"[1] 人们的消费需求逐渐开始强调消费时所获得的体验和情感，同时也更加倾向于追求"符号化""有记忆点"的文化商品。通过符号融合的方式能够使当代文创产品在产品设计的初始阶段，通过对中国历史文化资源的内容的整体把握和深入理解，结合受众群体以及消费心理分析，进而从中发现和找出一系列的具有标志性且认可度高的文化元素（如人物、纹饰、图腾等）。之后再对这些元素进行提炼和设计，使其成为一种文化符号并应用于大众喜闻乐见的生活产品之中，将中国历史文化资源的内容以直观、简洁的方式进行表达和呈现，通过视觉元素的艺术表达、载体从而抓住消费者眼球和心理，经过提炼设计的中国历史文化资源在消费者脑中的印象得到加深，并让消费者在看到商品的第一时间获得文化记忆和审美愉悦。

此外，传统的审美方式是精英审美、理性审美，与之相比，以元素提炼的符号化设计对中国历史文化资源进行关联转化而产生的文创产品来说，其审美主体具有了大众化的特征，并且具有直观化、享乐化等通俗化的倾向。费瑟斯通所提出的"日常生活审美化"不断冲击着"非功利性审美"的传统经典美学。"日常生活审美化"意在让艺术走进生活，使艺术与日常生活之间的界限逐步消解。[2] 这与传统经典美学强调对艺术的纯粹鉴赏，对审美主体的文化水平、认知能力、审美经验及鉴赏趣味等有着高标准和严要求的精英化审美显得格格不入。在经典美学中，精英阶层掌握着审美的绝对话语权，他们追求在审美过程中的精神享受，凭借自身的文化修养与审美素养，调动理解、想象、情感等心理机制，让知识和想象力自由驰骋于音乐会、美术馆、博物馆等文化艺术场所，这些审美体验都是当时的普通大众难以触及的，同时也使得艺术被少数人所垄断，不能与日常生活发生直接联系。而大众文化的兴起以及文化工业下的批量生产、广泛传播，逐渐消解了这种文化的阶层性和垄断性，消融了高雅文化和大众文化之间的界限。

费瑟斯通的"日常生活审美化"注意到了艺术作为一种整体性生活方式在文化消费领域中的崛起。无论是旋律、节奏、姿势、线条、形状和图像的社会功能，亦或是它们在日常和社会活动中所担当的角色都体现出艺术的应用性，也随即成为设计所关注的一部分。[3] 运用元素提炼的符号化设计这一方法对中国历史文化资源进行关联转化而产生出的"实物类"文创产品，能够在提取原历史文物的造型特征及工艺手法的基础上创新融合，设计制作出更加贴近于大众生活并兼具教育性和趣味性为一体的优秀文创产品，为大众营造出更加多元的审美体验氛围。以此同时，其表现出的受众面更广、流传度更高、娱乐性更强等特征也与大众文化相像。都是以都市普通市民大众为主要受众，以大众媒介为手段、按商品规律运作、旨在使普通市民获得日常感性愉悦的体验过程，这也恰恰

---

[1] [英]迈克·费瑟斯通. 消费文化与后现代主义[M]. 刘精明，译. 南京：译林出版社，2000：141.
[2] [英]迈克·费瑟斯通. 消费文化与后现代主义[M]. 刘精明，译. 南京：译林出版社，2000：95-105.
[3] [英]贾斯汀·奥康诺. 艺术与创意产业[M]. 王斌，张良丛，译. 北京：中央编译出版社，2013：213.

是工业文明以来才出现的文化形态。[①] 通过联想、类比、隐喻等手法将经典文化用符合大众普遍审美取向的符号化手法进行提炼和设计，让经典以流行且更加平易近人的方式被大众接受和认可，将传统的文化精髓植根于现代设计的土壤中，在设计作品中含蓄地营造中国传统思想的意蕴，从而增强作品的深度和情趣。同时扎根市场，以"经典+趣味"吸引消费者眼球、抓住消费者心理，在满足大众对于精神文化追求的同时刺激大众消费，实现了自身产品价值的赋能。

例如河南博物院于2019年推出的"相拥"系列首饰（图5-5左），其创意灵感依托于河南博物院的馆藏文物——彩陶双连壶（图5-5右）。作品通过运用设计语言，对双连壶的造型进行提炼，并首创借鉴中国建筑经典榫卯结构中的"燕尾榫"，巧妙牢固地拼插出不同的"连壶"形象，宛如相爱的人们深情相拥，以"爱"相拥，合而为一、融为一体，寓意深刻。"相拥"系列首饰设计不仅对彩陶双连壶的造型进行提取设计，还对其"友好、和平、相敬、相亲"的象征意义进行继承和丰富，使整个作品传达出"以心相交，方能成其久远"（《文中子·礼乐》）的美好寓意，一方面暗合了当今世界多元文化激荡背景下建立人类命运共同体的民心潮流，另一方面也为新时代人们追求美好生活提供了深邃的启迪。

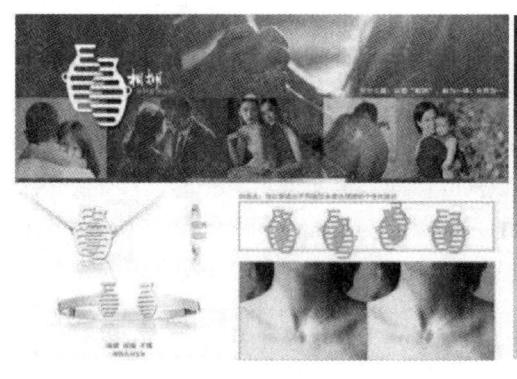

图5-5 （左）"相拥"系列文创产品　　　　图5-5 （右）彩陶双连壶

再如2021年恰逢辛丑牛年，牛在中国古代十二生肖中多有勤恳、憨厚等象征意义。以牛为元素符号而设计生产出的当代文创作品也因此多含有"牛"转乾坤、"牛"气冲天等多种美好寓意。图5-6将当代生活日用产品等与中国传统文化相融合，将东方设计思维与西方制作工艺相结合，以此创新生产出的"实物类"文创产品既能够将文物之美融入其中，又蕴含着中国传统文化中的吉祥福祉，将生活情趣、文化修养等一一勾勒，精炼美观又现代感十足。

---

① 王一川主编. 大众文化导论[M]. 北京：高等教育出版社，2015：8.

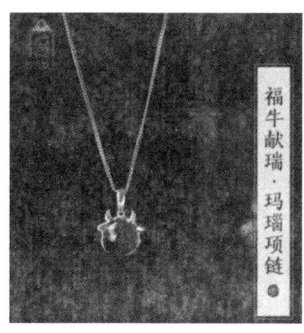

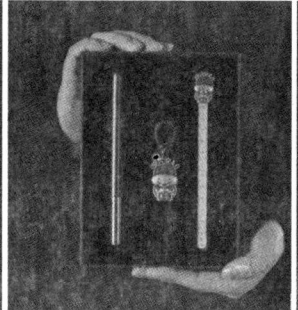

图5-6 "牛"文创：（左）玛瑙项链、（中）文具套装、（右）红包

2. 重塑表达的品牌化推广

从传播学的角度来说，形象营销成为企业商品经营的重要手段，因此品牌作为一种象征、标识与符号，既可以展现形象，又可以强化物品商品化声誉及个性化的特性。通过元素提炼的符号化设计可以吸引大众对于产品的注意力，从无形之中激发大众的购买欲和消费力，但与此同时良好的文创产品其设计范围除了对中国历史文化资源内容的元素提炼和符号化设计外，还应该更加注重自身的品牌建设。从中国历史文化资源承载的文化内涵、象征意义等出发，建立自身独有的特色品牌识别形象系统。通过使用具有代表性的识别形象、产品标识、包装设计等对中国历史文化资源的内容进行重塑表达，并对以此设计制作出的文创产品进行品牌化推广。这样的转化方式，一方面能够从多角度、多层面地挖掘出中国历史文化资源的文化价值和经济价值，使经典传统变得新潮日常，以可爱、调皮、活泼等生动形象拉近中国历史文化资源与大众之间的距离；另一方面还能够带给大众强有力的视觉冲击，树立起良好的品牌意识并不断强化消费者对于文创品牌的印象和存在感知。与此同时，还能够进一步拓宽文创产品的广阔经济市场和自身的品牌影响力建设，打造出一批更加高质量的文创产品，为传播中国历史文化资源提供更加有力途径。

另外，艺术产业具有扩散效应，在促进行业自身发展的同时，通过输出特色化的文化产品和品牌化的文化服务，不仅可以对外拓展艺术的经济和文化影响力，还能够由内而外地提升区域的文化品位，推动地方基础文化设施的建设，并形成具有地方文化艺术特色的标志性品牌和城市文化名片。

例如由北京故宫博物院开发的文创产品，在产品外包装上都印有相应的品牌标识并以适当的尺寸大小和醒目的字体颜色进行视觉传达（如图5-8所示），同时针对同一系列的文创产品在对中国历史文化资源内容的重塑表达上采用一致的设计表达方法，在不断强化自身文创品牌意识的同时提升了故宫文创品牌在消费者心中的印象和存在感，使中国历史文化资源的内容有了更加具象化、生动化的表达并将其所蕴含的精神文化内涵进行彰显和传播。

图5-7 故宫文创Logo　　　　　　　　图5-8 袁家村Logo

此外陕西地区以"袁家村"作为地域独有的文化符号融入当代文创产品的设计制作之中（如图5-9所示），通过对关中文化的解读和提炼为产品注入文化创意，打造出了一批地域品牌下的系列化产品；通过在旅游、餐饮、民俗活动等多个领域进行宣传和投放，逐渐形成了"袁家村"模式的品牌推广效应，进而带动了当地的经济和文化发展，成为了陕西地区的一大特色文化名片。

（二）意义转化

意义转化是指将中国历史文化资源内容中所蕴含的精神文化内涵进行提取和转化，使其成为一种情感共鸣或核心IP，融入不同种类或功能的文创产品之中。此关联方式在当代"实物类""数字类""互动类"文创产品中均有所应用，具体转化及关联表现过程可以分为对中国历史文化资源的内容趣味化设计和IP衍生的系列化开发。

1. 产品内容的趣味化设计

《牛津大辞典》（The Oxford English Dictionary）中对"设计"（design）一词进行了动词词性以及名词词性的两部分释义。当其作为名词时，一是表达心里计划的意思，指思维中形成意图并准备实现的计划乃至设计；二是意味着艺术中的计划，尤其指绘画制作准备中的草图之类。从词源上看，design的名词词义是综合了法语的dessein（图案）和表示素描的dessin两词的结果。而作为动词使用时，其来自拉丁语的"designare"，一是意味着指示；二是建立计划、进行构想、规划；三是指画草图、制作效果图等。[1] 狭义上的"设计"，一般多指对于单个具体事项的设计，或手段利用物质手段达到创造实用物品的计划和构想的总称。[2] 而这其中，产品趣味化设计是指：产品的某一方面，包括产品的形态、功能、肌理、触觉等能吸引消费者，产生一定的共鸣，创意快乐愉悦的具有审美的产品。设计，不仅仅涉及美学、还涉及到功能；不仅牵涉到创意和手艺，也牵扯到审美的品质即如何看、感觉和听。[3] 从构思和行为两方面而言，它都与美学概念有紧密的关联，并且充分考虑实用物品的实用价值和经济价值。对于当代文创产品来说，除了要注重满足人们对于产品实用功能的需求外，还应该注重从视觉美感、情感关

---

[1] 夏燕靖. 艺术设计原理[M]. 上海：上海文化出版社，2010：18.
[2] 梁旻. 环境设计概论[M]. 上海：上海人民美术出版社，2007：1.
[3] [英]贾斯汀·奥康诺. 艺术与创意产业[M]. 王斌，张良丛，译，北京：中央编译出版社，2013：210-211.

怀、文化认同等多个方面提升和满足不同层次人群的个性化文化需求以及从视、听、触等多感官激发大众对中国历史文化资源的了解和兴趣。在这之中，从产品的内容出发，率先对中国历史文化资源的内容进行提取和趣味化设计能够使当代文创产品通过多种设计语言和产品样式与大众进行感知、感觉等多层次交流互动。从而使大众在使用、把玩或体验文创产品的过程中获得全新的功能性需求和不同程度上的心灵满足，以此传递情感愉悦，从多感官角度体验历史文化的魅力，提升自我文化修养和艺术审美能力。

例如"超活化·仕女瑜伽"系列盲盒玩具（图5-9），选取盛唐时期体态丰腴的仕女形象作为开发设计蓝本，并辅以色彩丰富艳丽多姿的唐朝服饰与能够提升女性气质、改善体态、调节心情的瑜伽动作相结合，将历史文化与现代理念相结合碰撞出新奇有趣的产品内容和创意造型惟妙惟肖地展示了大唐仕女对于生活的热爱和追求，也使得消费者在购买把玩的过程中能够以此勉励，与"大唐仕女"一同陶冶情操，释放压力；在体验和把玩的过程中发现美、欣赏美、感知美，获取感官愉悦和感性快乐，提高自身的审美修养和鉴赏力，进而促进人的全面发展和社会的共同进步。

图5-9 "超活化·仕女瑜伽"系列盲盒

2. IP衍生的系列化开发

IP，全称为Intellectual Property，译为知识产权，包括发明专利、商标、工业的外观设计等工业产权，也包括自然科学、社会科学及文学、音乐、戏剧、绘画、雕塑、摄影等方面的作品版权。在当下新媒体的不断发展运用以及文化产业的蓬勃发展语境下，IP的概念已逐渐被泛化应用，"文化IP"逐渐进入大众视野。2018中国文化IP及创新设计展上首先使用了"文化IP"的概念。同年9月，中国文化IP高峰论坛首次发布了对于"文化IP"的概念和定义，明确指出：文化IP是指有着高辨识度、自带流量、强变现穿透能力、长变现周期的文化符号。从IP到文化IP的变迁和泛化应用不难看出，文化IP相较传统的知识产权不仅有着强大生命力和独特的文化内涵，并且能够跨媒介运营、多元化开发实现经济创收，进而推动中国文化产业的发展和进步，在文化产业以及文创产品开发设计中发挥着重要的支撑和引导作用。

当代文创产品在设计开发的过程中，逐渐开始注重和强调对中国历史文化资源内容的深入了解和分析，从中国历史文化资源的丰富内容中提取和开发出核心文化IP，并以此进行文化衍生品的系列化开发，以满足不同群体的需求，解决当下文创市场同质化严重的产品现状。围绕核心IP，从产品功能、形式、色彩、纹理、材质等多个角度进行多元设计和形象拓展，从而达到在无形资产中创造出更大的文化价值和经济价值的目的。另外，围绕核心IP进行文创产品的系列化开发还能够有效地加深和刷新IP在大众头脑中的印象和存在感，并以多样的产品形式激起大众的文化认同，拓宽IP的传播范围，宣传IP背后所蕴含精神文化隐喻。

例如以中国传统文化中的经典形象"哪吒"为灵感打造出的核心IP，在吸收中国传统文化的精髓的基础上，结合时代特色为讲好中国故事注入情感共鸣，开发出一系列个性鲜明、趣味十足的优秀文创产品。其中"数字类"文创产品《哪吒之魔童降世》（图5-10），作为当下国产动漫的后起新秀无论是创意还是制作都深受当下年轻人的广泛喜爱和好评，让"我命由我不由天"的热血哪吒形象深入人心，并借此勉励。此外还有由此衍生出的一系列"实物类"影视周边产品（图5-11）以及"互动类"游戏产品。（图5-12）

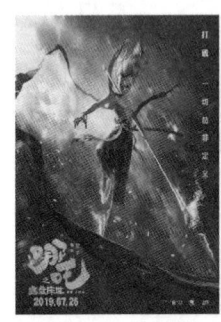

图5-10 （左）《哪吒之魔童降世》公映海报　图5-11 （中）"哪吒"周边手办、机械键盘
图5-12 （右）"哪吒"游戏《魔域》宣传海报

此外基于核心IP衍生品的系列化开发还有河南开封的天波杨府杨家将文化IP、江苏南京的红楼梦文化IP、陕西西安的兵马俑文化IP、西藏的文成公主IP等。（图5-13）这些文化IP的开发和打造都基于当地独有的历史文化遗存，通过将其与现代社会的生活方式相融合，对历史文化的内容和故事情节进行再创造，设计开发出符合当下时代语境且趣味性十足的系列文化衍生品。同时，借助3D、4K、VR等科学技术，为中国历

图5-13 以文成公主入藏历史典故为文化IP开发出的部分文创产品

史文化资源的创新化、新潮化、体验化呈现提供了良好的保障和创新的途径。

（三）形式移植

形式移植是指将中国历史文化资源的表现形式进行提取，并将其转化应用在不同的产品形态之上，使当代文创产品能够从历史文化资源的表现形式中汲取养分，获得启发并唤醒情感，做到形式与内容相统一、艺术与社会相融合，从而更好地进行情感宣示和文化表达。以此方式生产出的文创产品主要为实物类及互动类文创产品，具体转化及关联表现过程可以分为载体样式的丰富与创新和对中国历史文化资源中传统手工艺的制作与传承。

1. 载体样式的丰富与创新

在中国古代出现的文创产品中，多以青铜器、玉器、瓷器等实物为载体，而当代文创产品则在此基础上，增加了互联网、数据库等虚拟载体，由此产生的多种形式的虚拟类文创产品在前文中已有所涉及。此外，当代文创产品还通过应用新兴材料、科学技术等方式，将中国历史文化资源的表现形式转化应用于食品、电子产品、家居日用品、首饰、文具等数种大众喜闻乐见的产品形式，为中国历史文化资源的展示与传播提供了更加丰富多元的方式。

例如台北故宫博物院以翠玉白菜为原型，利用其造型、色彩等形式语言进行开拓创新并应用于不同的产品形态上。以此开发设计出"翠玉白菜"开瓶器、回形针、积木、晴雨伞等300多种不同功能、不同载体的实物类文创产品（图5-14）。

图5-14 "翠玉白菜"系列文创产品

此外还有中国各地区、知名旅游景点推出的独具特色的大型实景演出，将地区特有的民风民俗、服饰歌舞等历史文化资源与音乐、舞蹈、舞美设计等艺术相融合，营造出文化与艺术快意相生的视觉盛宴。诸如西藏地区的《文成公主》、中原地区的《禅宗少林·音乐大典》、陕西地区的《长恨歌》、云南地区的《印象·丽江》（如图5-15）。舞台实景演出作为当代互动类文创产品的表现形式之一，通过对中国历史文化资源的形式移植，逐渐发展形成具有中国特色的一种现代化文化推广模式。基于专业独立的导演及舞美设计团队、立足当地的演员班子、灵活多样的线上销售渠道以及各类PC端应用的推广、CD光盘等影视资料的宣传，如此完整的产业链使当地的文化（创意）产业、旅游业、建筑业等多个行业蓬勃发展。

图5-15（左）《文成公主》、（右）《印象·丽江》部分演出场景

2. 传统手工艺的制作与传承

中国传统手工艺作为一种无形的智慧结晶是中国历史文化资源的重要组成部分。21世纪，作为承载着民族精神的传统手工艺受到当代社会机械化生产、科技化浪潮等日新月异的冲击，部分传统手工艺逐渐与当代社会脱节，面临门可罗雀、后继无人等一系列的危机。自2003年国家启动非物质文化遗产保护工程以来，其中十大类里与手工艺文化相关的部分占了五分之一，可见手工艺在我国的文化地位之重。[1] 通过当代文创产品这一实物载体，将中国传统工艺的前世今生融会贯通，一方面能够挖掘传统手工艺的当代价值并使其与时俱进地结合日常生活，重新吸引大众的关注与社会的重视，另一方面能够使文创产品从中吸收中国传统手工艺的工匠精神，为当代文创产品注入文化精神，使其成为更有温度、有内涵的文化产品。

2014年，由王廷信团队设计开发的南京青奥会官方馈赠礼品"茉莉香扇"正是一款将传统手工艺以现代制作方式制作而成的、兼具功能性和形式美的优秀文创产品（图5-16）。产品以茉莉花为主题，以折扇为造型主体，通过对金陵竹刻工艺、南京云锦工艺、雨花石工艺、中国传统书画艺术及中国结等多项传统工艺进行现代制作与传承，从造型、装饰等形式表现上为折扇增添了独特的文化内涵和艺术审美价值，使产品既代表南京文化，又蕴含中国文化元素，集纳凉、玩赏、收藏于一体；同时在扇骨上特别增加竹刻二维码，通过扫码，方便使用者更加便捷地浏览青奥会的赛事信息、南京历史文化等多元信息，使一把折扇不再仅仅是具有日常使用功能的产品，而成为传播中国优秀传统文化的实物载体和有力媒介之一。

---

[1] 梅朵. 传统手工艺文化在当代的复兴[J]. 艺术研究，2020（06）：72-74.

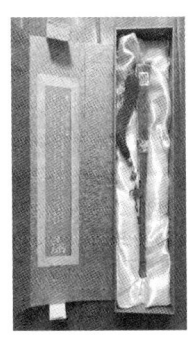

图5-16 南京青奥会官方馈赠礼品"茉莉香扇"

（四）科技嫁接

科技嫁接是指通过借助诸如计算机、互联网、智能手机、电视机、大数据、云计算等新兴数字媒体科技为技术手段，将中国历史文化资源的形式进行现代化呈现和传播。以此方式设计开发出的文创产品主要应用于互动类文创产品和数字类文创产品，部分实物类文创产品也对其进行吸收和融合，并逐渐成为未来文创产品设计开发的主要趋势。具体转化及关联应用过程体现在对产品表现形式的活化与交互以及传播体系的拓展与融合。

1. 表现形式的活化与交互

技术更新带来的文化产品的改变，大大丰富了人们的文化消费，提升了文化消费的期待值。[1]中国历史文化资源内容丰富，形式多样，其中无形资源作为整个中华民族"活"的文化艺术瑰宝，千百年来以民间工艺、表演艺术等无形资源得到不同程度的传承和弘扬。这些资源由广大人民群众在千百年来的生产实践中传承发展，并不断沉淀为一种强大精神力量的文化感召。这些美的艺术通过其自身多样性的创造力，打破传统，不仅使艺术在形式和内容上实现跨界，同时也对美学领域本身的界定进行了一些突破。当代实物类文创产品和互动类文创产品正是通过发掘和继承这些精神文化现象和艺术活动，利用具体物质产品作为表现媒介，将表演艺术、民间工艺等无形资源进行传承与创新，让"无形"化为"有形"，架起传统与现代之间的文化传播桥梁，为中国历史文化资源提供新的活力和发展。这也就是我们经常会看到的，艺术进入生活中，用生活中最普通的方面来表现生活艺术的一面。[2]

例如2020年9月在江苏无锡举办的第二届大运河文化旅游博览会中特增设5G大运河数字展厅（图5-17），通过裸眼3D、5G、8K、VR的科技应用将大运河周边的历史文化资源进行数字化呈现，并形成与参访游客的互动体验区，为运河文化提供了新的传播和发展思路。其中搭建的牡丹亭尤其受到来访参观游客的喜爱。观众通过扫描实物

---

[1] 范周. 言之有范：互联网时代的文化思考[M]. 北京：知识产权出版社，2017：145.
[2] [英]贾斯汀·奥康诺著. 艺术与创意产业[M]. 王斌，张良丛，译，北京：中央编译出版社，2013：26.

仿古场景边的二维码,完成人脸识别等步骤,即可在手机中实时查看欣赏以自身形象为主体的古装昆曲表演,同时可以通过全息投影实现 AR 昆曲表演。整个场景中的虚拟人物形象栩栩如生,演出曲目宛转悠扬。

此外还有以江南古镇为灵感设计开发出的古镇模拟经营类手游《江南百景图》、沉浸式感官体验剧《升入姑苏·平江》等灵活多样的当代文创产品。

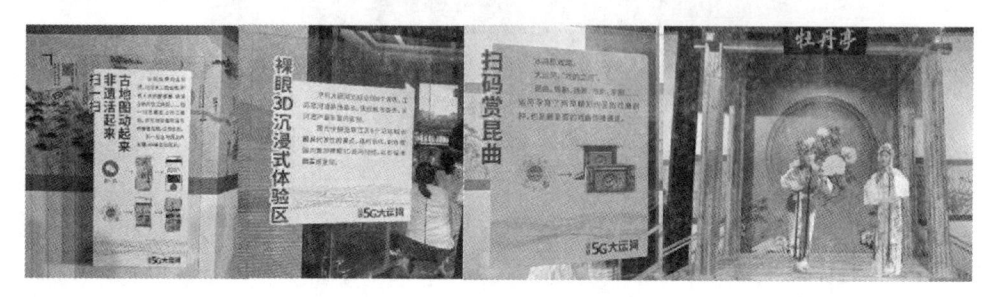

图5-17 大运河全息5G互动展厅

2. 传播体系的拓展与融合

新媒体时代,科学技术的普及与推广应用为人们日常生活以及社会活动带来了巨大影响。一方面,互联网激发了人们的文化消费需求,而文化消费市场的繁荣与反过来推动了供给,促进了文化生产。[①]另一方面,新兴的数字媒体也为中国历史文化资源和当代文创产品的展示与传播提供了更加多元的选择。传统媒介和新媒介之间的不断拓展和融合,加速了传播者和传播内容在不同地区和行业之间的融合,推动了全媒体传播体系的构建,促进了当代文创产品的创造性转化和创新性发展。

自 1925 年电视机发明以来,直到今天电视媒介仍然是社会大众接受信息的主要渠道。2017 年 12 月 3 日由中央广播电视总台、央视纪录国际传媒有限公司制作的文博探索节目《国家宝藏》在央视综艺频道首播。该节目将纪录片同综艺相融合,以文化的内核、综艺的外壳、纪录的气质,创造一种全新的表达。《国家宝藏》系列自开播以来获得了大众广泛的一致好评,节目背景立足于中华五千年的灿烂文明,通过邀请有影响力的公众人物作为"国宝守护人",通过舞美灯光、VR 影像、360 度全息幻影成像系统、巨型环幕、沙盒投影等多项科学技术,用艺术化的表现形式对各地区博物馆馆藏优秀文物的前世今生进行历史讲述和故事演绎,真正做到了为国宝代言,让文物"活起来"(图5-18)。大众足不出户就能通过直观且逼真的电视语言、网络平台走进博物馆,了解历史文化资源、欣赏文物之美。新兴的数字媒体唤醒了大众对于历史文化资源以及传统文化传承和保护的热情,让文物不仅仅只是一件展馆中的陈列品,而成为文化+科技赋能下的鲜活创意文化符号,由古老、神秘、静止变得生动有趣、现代感十足。

[①] 范周. 言之有范:互联网时代的文化思考[M]. 北京:知识产权出版社,2017:139.

图5-18 国家宝藏》节目现场及设备设置和部分内容

北京故宫博物院还开发上线了"每日故宫""故宫展览""紫禁城360""故宫陶瓷馆""清代皇帝服饰""皇帝的一天"等10款手机App,将故宫的馆藏珍品、历史建筑、宫廷文化等中国历史文化资源借助新媒体和科技的力量实现大众的指尖访古,为大众提供艺术与文化的深度体验(图5-19)。敦煌艺术研究院也结合微信、QQ两大手机社交App推出"云游敦煌"小程序,将敦煌地区丰富的历史文化资源借助时代科技以及互联网进行推广和传播,使大众不仅能够在视频影像中"又见"敦煌、在艺术形式中"探索"敦煌、在朝代更迭中"走近"敦煌、在颜色变幻中"领略"敦煌、在全景洞窟中"畅游"敦煌,还能够亲身参与,置身其中,提高和促进大众对于敦煌地区文化资源的关注度和喜爱程度(图5-20)。

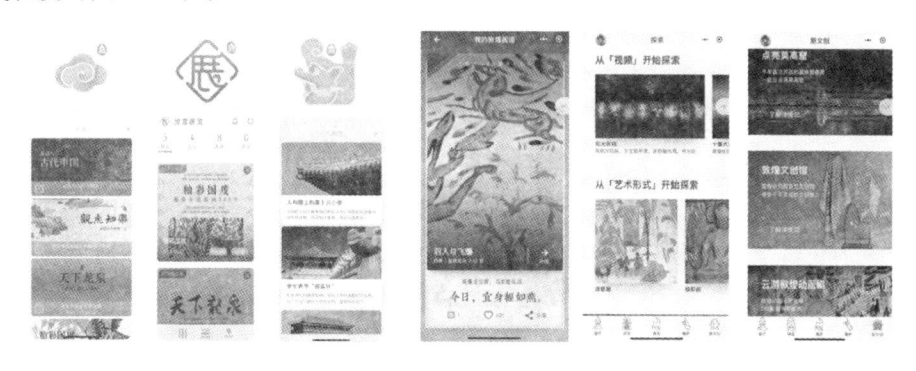

图5-19 故宫出品的部分App及内容界面　　图5-20 "云游敦煌"小程序及部分内容界面

通过借助时代科技的力量,当代文创产品与中国历史文化资源之间的形式关联可以将文化、艺术赋予新的形态,让文创产品的表现形式更加灵活多样,让历史文化资源的传播体系更加多元融合,同时让用户体验也变得生动有趣,增添了人类文明的时代内涵,提升了产品的文化附加值,为城市的文化(创意)产业发展和中国优秀传统文化传播注入了新的生机和活力。此外,通过借助教育的推广与普及,从幼儿到高等院校,从院校系统到社会系统,中国历史文化资源通过教育途径传播艺术信息,使越来越多的人了解中国历史文化资源并热爱中国传统文化,为中国历史文化资源的当代传承和发展提供了一批储备人才。

（五）注重博物馆文创产品服务系统设计

1. 博物馆文创产品服务系统设计方向

博物馆作为历史的见证者和文化的承载者，是展示社会文明，体验多彩民风，传递文化内涵的一个重要窗口。提取博物馆文化基因并遵循原则，才会因其独特的地域性和创新性成为畅销产品。为解决目前博物馆文创同质化严重和设计开发周期长等问题，以下从用户体验出发，提出博物馆文创产品服务系统设计（Museum Cultural Creative Product Service System Design，以下简称 MCCPSSD）框架（因篇幅所限，对于 MCCPSSD 设计过程不予探讨），使得博物馆文创产品兼顾博物馆的经济效益和社会效益，实现其自身造血功能。

MCCPSSD 通过引入博物馆文创的文化特质和特殊的参与机构，使博物馆文创设计区别于一般的产品设计，并利用现有的大数据技术分析挖掘现代用户体验需求要素。首先以马斯洛经典需求层次为指导，探讨博物馆文创产品服务系统的需求层次，将整理的用户需求置于框架里，实现对用户需求的快速反馈和迭代，进而加速博物馆文创设计的发展。其次为保证设计有效性，充分发挥博物馆文创的独特优势，兼顾服务系统的尺度、效度与温度。在利用 MCCPSSD 对博物馆文创进行设计时，应从用户体验视角出发，遵循突出文化内涵和教育功能、实现博物馆个性化品牌形象、加速数字化进程和充分运用新媒体技术与平台等四个设计方向。

突出文化内涵与教育功能是博物馆文创本身承载的文化传播与普及使命所决定的，也是博物馆文创区别于其他文创产品或消费产品的本质区别。在设计过程中应确保尊重历史文化，从博物馆文物中提取具有博物馆文化特征的、普遍存在且已经形成集体记忆的文化基因，并针对不同馆藏文化进行差异化设计并对馆藏文化进行保护传承，充分发挥博物馆文创的独特优势，从而避免同质化问题加剧，满足用户的文化需求。

打造博物馆个性化品牌形象是指在产品设计流程中，整体的产品设计风格应当与博物馆本身的人文特征相吻合，并以此增强对博物馆文创的感官印象。将文创产品和博物馆之间的关系利用造型等设计方法在用户感知中相互链接加深，不但有利于在碎片化的社会发展中增强产品的用户识别性，还能够发挥其潜在的社会效益。

加速数字化进程是指利用新数字媒体技术加强博物馆的在线服务内容，进而提升博物馆文创的感官体验与服务质量，有利于用户的体验提升。借助 AR/VR 等方式建立互联网数字博物馆，在传承保护馆藏文化的同时扩大现实中与用户的接触触点。尤其在后疫情时代下，线下的实地旅游减少，以故宫为首的各大博物馆纷纷建立线上数字博物馆供用户体验，获得广泛好评，并进一步提升了其文创产品的销售与知名度。

充分利用新媒体技术是指在当今"互联网+"的时代背景下，为进一步拓宽博物馆文创与公众的接触渠道，应注重自身移动端 App 的开发和使用，与博物馆自身展陈相融合进而促进博物馆文创产品销售。并且利用新媒体技术与用户进行互动有利于促进互相了解和直接获取用户需求，进而对产品进行改进和提升，有利于构建社群传播，推动用户的更积极参与。

总的来说，博物馆文创自身拥有商品和文化的双重属性，为兼顾两种属性同等发挥效用，除上述四个设计原则外，设计者在进行设计时必须围绕博物馆自身的深厚文化基础，深耕文化内涵，提取博物馆特有文化基因进行组合创作，结合符号表示与相应的营销方式形成自身特色IP，并在长时间的设计过程中，利用网络在线数据可以及时获取公众对当前文创的理解和意见，也能通过数据建立不同文创的受众人群画像，从而进行调整，最终设计出获得公众认可程度较高的文创产品。

2. MCCPSSD 设计指导方法

（1）提升感知层的情感化表达

博物馆文创产品的表象层即最直接的物理层面设计，是在用户刚接触到文创产品时产生"强烈"的第一印象，关注于文创产品外观。在产品的开发中，设计师在充分了解博物馆文物的前提下，明确文物的特征，构思创新思路。可以选择用保留还原、抽象概括、提炼夸张等的方法，对传统文创产品的外形造型的重新设计、颜色纹理的使用以及原料材质的选择等加以重新设计，以此产生富有地方文化识别性的新产品设计。在提炼博物馆文物面貌之时，必须要基于对文物保护的全面认识前提下，并且在视觉体验上也必须注重可视性与流行性，要注重色彩搭配协调，纹饰应用时尚，造型富有美感，材料工艺实用环保。

文创产品的线下实景交互在满足商品实用性功能的前提下，能更高效和有趣地完成对产品的操作体验，除了文创产品本身应有的用户认知内的功能，在其结构设计和功能体验上应给用户惊喜感或满足感，从而使用户体验流程到达沉浸式情感意识层中。这两种方式就能够增加人与商品间的交互：通过游戏化的参与方式增加了娱乐性。该类的文创产品一般设定为例如材料包的形态，由消费者通过亲自动手制作，完成了最后的商品形态。而探索的过程不但给文创产品增加了乐趣，更让消费者对文化内容有更深入的认识。由于在现阶段对传统文创产品的研究中，仍然对最终输出的商品类别存在着刻板既定，传统文学载体在商品类别的选取上似乎需要具体对应于某种具有特定"文化"属性的一般产品，如书签、笔、茶具等，而这也无疑极大地限制了文创产品的类型。因此在文创产品的载体形式创新上，拓宽载体选择范围，可以是具有社会热度的产品，例如盲盒，数字化虚拟平台等，在文化内涵和载体的结合方式上，不仅仅提炼博物馆文物的纹样色彩基因，其文物手工艺等文化基因也需要设计师和文物研究员共同研究。图5-21为线下实景体验拓展图。

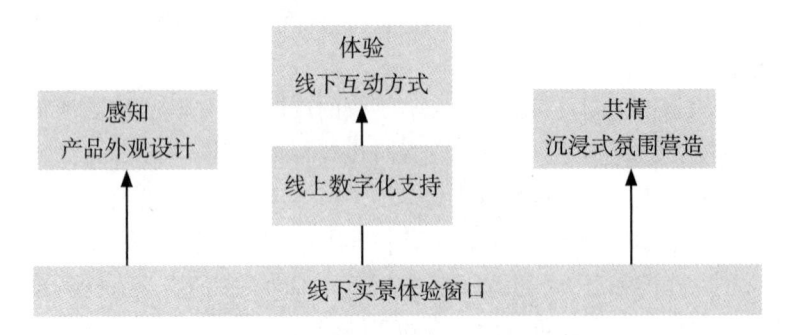

```
           体验
感知      线下互动方式       共情
产品外观设计                沉浸式氛围营造
           ↑
    线上数字化支持
           ↓
    线下实景体验窗口
```

图5-21 线下实景体验拓展图

（2）拓展形式层的体验化行为

因为消费者在购买和使用文创产品时会潜移默化地受到文化的熏陶，在与产品的互动中形成了对文化的记忆和认知。设计师在产品功能上需要关注产品文化性、交互趣味性和技术难度，增强产品的文化内涵、个性化配置，富有科技感体验，联动使用场景。

线上线下的融合使用带来了沉浸感受。除了涂色、拼装等实物游戏形态，设计者们还利用了虚实场景的融合，增加了人和商品间的互动性，从而带来了一个更为沉浸型的文化感受。同时受到服务设计思想的影响，设计者们开始对博物馆的文化产品链路进行了全方位的文化体验提升，把"为用户设计"转变成"与用户一起设计"，在人性化服务流程设计与高品质内容提供两个方面共同提高，从而切实实现可以随时随地提供的差异化产品。博物馆文创产业服务体系的世界观建设，目的是让用户沉浸式地感受文化，从而减少社会大众对文化产品的理解困难，是进行文化输出和科普教育的重要窗口。通过产品的外围环境营造一种特定的意境或者故事，从而唤起用户深层次的情绪和感情，最终建立用户与产品在精神或文化领域的链接。在情感层的设计博物馆与文创产业中，除了传统手工艺背后既有的精神文化内核外，还要注重在现代语境下赋予其新的文化内涵和新时代的文化释意，从而为用户带来新旧交相融合，更加丰富的精神情感体验，图5-22为线上数字化体验拓展图。

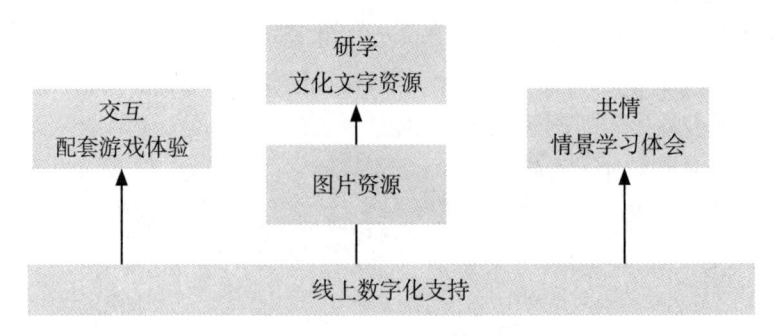

```
           研学
交互      文化文字资源        共情
配套游戏体验              情景学习体会
           ↑
       图片资源
           ↓
    线上数字化支持
```

图5-22 线上数字化体验拓展图

在购买过程中，在服务支持上打通购买体验服务整体流程，利用数字化平台重塑服务者、创意者和消费者的关系。从消费者的参与感、舒适感，服务者的专业素养和高效率等方面，创意者进行提升。在产品挑选环节，采用智能推送等手段实现人性化的导购，并不断利用大数据挖掘优化设计方案；在购物付款环节，系统充分考虑用户的消费感受、产品咨询等因素以形成一条龙的售后服务。例如通过融合AR技术进行线上商品体验，使用户能够在线上真正地感受商品后再选择购物，完成了消费闭环。现在通过互联网新媒体、馆内陈列的数据较多，需要充分考虑互联网新型媒体的宣传功能，包括宣传途径的选取，多数消费者采用网购的模式，需要重视线上店铺的购物体验和互动设计，便于消费者有效查询和掌握商品资讯。

（3）强精神层的规模化推广

梳理博物馆的文化资源和历史发展路径，搭建文化数字资源库平台。为用户提供历史文物资料，面向大众开放"博物馆数字资源库"小程序，用户可以在平台上进行科普学习。通过社区平台以及通过App形成的全方位文化展示与服务圈，营销人员将对大众信息进行每日甄选个性化推送。在引导消费者完成每天打卡的过程中也培育了后续消费能力，也使平台具有更丰富的内容承载能力。从增加用户感知力和增加用户黏性两方面来看，首先拓宽品牌，跨界融合，融合更多观众，利用小程序、公众号等媒体渠道发文，通过抖音直播，寻找可能用户，在关注多的平台上宣传，在购物平台上推荐；其次靠品牌吸引力增加粉丝量，通过品牌的融合拓宽，例如游戏等平台的跨界融合，收获两方粉丝。

在产品迭代上，传统实体产品端创新文创产品的表达载体形式，以现在年轻人更易接受的模块化简约风格设计，搭配零件组合，体验产品的新玩法和新创意。持续性的内容供给可以提高传统文化在消费者心里的感染力，从而节省了巨大的文化传播成本。这样的互动形式，由于宣传范围广泛、普及效率较高而受到群众欢迎，并有利于对博物馆文化资料实现数字化的储存维护与优化配置。此外为适应社会需要，创造了新一轮的文化推广，利用现代科技和文物艺术的融合，使社会大众的DIY的文化创意作品直接参与到文创产品的再创意过程中，延长品牌生命周期，共建品牌价值。如图5-23为基于精神层的社群平台搭建设计图。

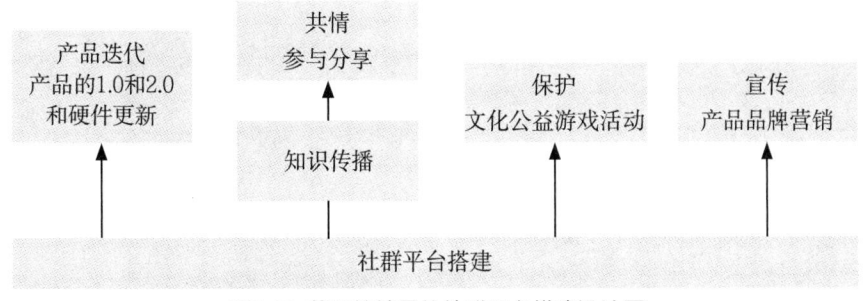

图5-23 基于精神层的社群平台搭建设计图

（4）强化系统性的品牌化识别

只有提取博物馆的文化内涵，才会因其独特的地域特性成为耳目一新的产品。通过搭建文化数字资源库、用户社群平台、IP品牌营销、产品迭代更新等方式，拓宽用户文化感知渠道。用户利用平台参与学习、评价赏析等，与文创产品产生精神共鸣，进而延长了品牌生命周期。结合博物馆特有的文化基因与相应的营销方式形成自身特色IP，构建品牌统一且具有高辨识度IP，从而使博物馆文创产品品类多元的同时彰显博物馆品牌价值。

博物馆文明的集体共识不仅仅需要感性的共情，还要求人类生活在更深入的集体中无意识之中。所以，凝聚拥有相同生命形态、文化品味的消费人群，进而形成一种文化社区十分重要。消费者画像数据分析、认知统计分析以及消费者喜好数据分析共同促进了文化的发展。这样，一个文化制造、传递和再生产的闭环模式就形成了，一种充满生命力的文化产业生态圈通过数字文创产业和移动终端将产生更丰富的信息承载力，持续性的品牌信息传递将增强消费者的文化认识力。

三、案例实践验证

以下选择广西民族博物馆作为设计对象，总结融合路径与设计方法，展开文创产品设计的实践。

（一）案例文创产品现状调研

广西民族博物馆重视文创产品的研发，现在已经拥有十大系列总共有700余件文创产品。通过实地调研，对现有广西民族博物馆文创产品进行了分析，笔者总结出产品品类单一、缺乏故事性感染力和品牌统一性是现在广西民族博物馆文创产品的三大主要问题。

首先，目前的文创产品系列如"龙凤福""壮锦""纹创""花背带""三角梅"，其文创产品载体大都是生活用品类产品，大多是以传统纹样元素的背包、手袋、茶巾等，产品类型较为单一（如图5-24）。其次仅仅通过将纹样的颜色和样式附加到扇子、杯子、文具等生活产品上，无法很好地传达中蕴含的文化气息，因此造成产品同质化严重。在建立情感关系方面也具有一定的

图5-24 "壮锦系列"家具套件、"三角梅系列"丝巾、"纹创"系列产品图

第五章 新时期服饰文创产品开发应用与服务设计融合路径

提升空间。"广西十二个世居民族卡通"系列（如图5-25）是从馆藏中提炼十二个传统民族为代表的玩偶，该系列产品受到用户的喜爱程度最高，产品有意将"萌娃"形象打造成超级符号，但在实际使用与宣传的层面，缺乏文物故事的叙事性处理，因此难以形成情感共鸣。最后，广西民族博物馆致力于文创产品的研发，已经有十大系列，但各个系列产品的调性难以统一，使得消费者难以构建品牌识别性，不利于产品的延续和推广。

图5-25 "广西十二世居民族娃娃系列"文创玩偶和书签

明确广西民族博物馆的文创痛点问题后，要在MCCPSSD的设计方法指导下设计广西民族博物馆文创产品。首先明确馆内的文化资源优势，"壮族文化展"和"壮族三月三同心歌圩"为广西民族博物馆的网红参观路线，平时吸引很多游客游览观赏，可以成为广西民族博物馆的形象代表。但实地调研中也发现，展区内"壮锦展览"的体验感较差，壮锦作为鲜明壮族特色的代表，魅力主要源于织机上的编织过程和其中蕴含的逻辑性，仅通过远距离观赏无法感受出历史的年轮往复和纹样交横脉络。如图5-26、5-27是广西民族博物馆壮锦与织机的展览陈列图。

图5-26 广西民族博物馆壮锦织机文物陈列图

图5-27 广西民族博物馆壮锦纹样文物展示图

（二）案例文创产品方案概念

1. 以壮锦为例的广西民族博物馆MCCPSSD方案定位

基于上述广西民族博物院文创的前期调研，在创作方向上应弥补文创产品品类中对

137

传统手工艺文化的忽略，确定将壮锦手工艺作为本次的设计实践的文化基因。设计基于文创产品设计服务系统框架提出，主要围绕品牌 IP 的品牌打造、线上游戏情景搭建、线下产品硬件实景体验和用户社群形成一个自我调节的良性生态闭环。

首先，广西民族博物馆内以壮族为背景的历史信息非常丰富，壮锦的发展历程有据可循，具有系统的文化价值，使研究具有坚实的文化基础。壮锦的传统织机——宾阳竹笼机作为广西少数民族地区最广范围内应用的一种织锦机，原理是将纹样信息储存在提花装置上，跟随竹笼的转动使得这种记忆信息得以循环使用。图 5-28 为广西民族博物馆各种类型的壮锦织机实物。

图5-28 广西民族博物馆的龙州织锦机、靖西织锦机、竹笼织锦机实物图

将广西民族博物馆的传统壮族织锦手工艺资源创新型转化，由表及里将传统壮锦工艺分为四个维度：体验窗口、广泛认知的故事、个性符号和文化内核，对应梳理出创新的可能性，建立与现代生活之间的联系和共鸣。传统壮锦工艺的现代化转译逻辑如图5-29，从产品目标、目标人群、品牌名称及释义、产品属性展开基于壮锦体验的广西民族博物馆文创产品服务系统设计构思。

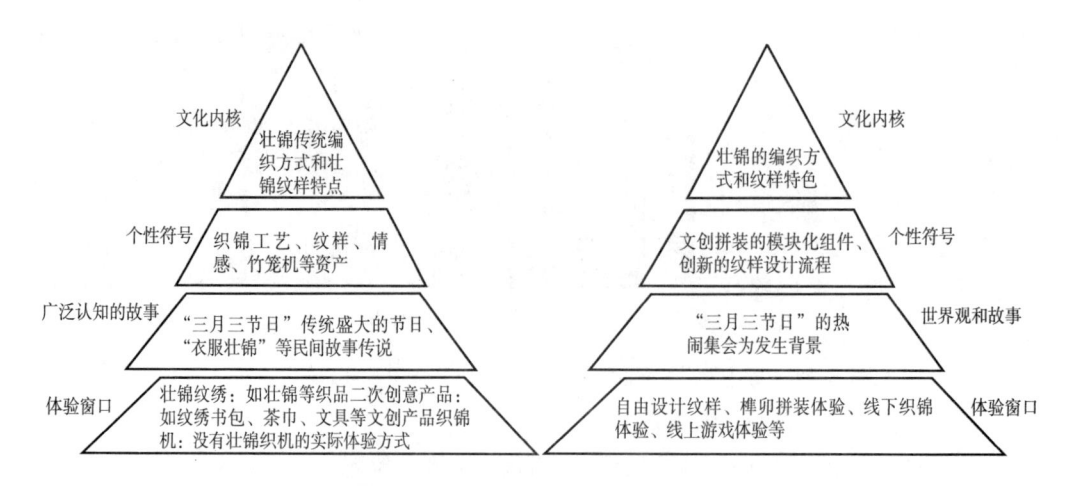

图5-29 传统壮锦工艺与现代化转译的文创产品逻辑

（1）产品目标

建设以用户为中心的壮锦文化艺术之旅，帮助用户探索壮锦丰富文化知识。"游览"盛大的壮族三月三节日的情境中，"体验"壮锦手工艺编织，"保护"壮锦工艺传承，"传承"壮族文化魅力和聪明智慧。

（2）目标人群

由于"90后"文创产品消费者占比超过75%，因此将本次文创产品目标人群定位在"90后"的用户群，通过前期的市场调研分析，总结出该类用户群体的用户画像：首先注重文化和教育，精神层次需求较高，平时注重培养人文的陶冶能力和注重个人成长价值；其次对数字化的产品接受度也较高，并愿意进行创新的尝试；最后重视感受和乐趣，用户对文化互动的兴趣和体验性要求也逐渐提升，那些令人愉快、意义丰富的文创产品也变成了第一选择。

（3）品牌名称和释义

品牌名称为"五彩乐桂"。整个文创产品的故事源于广西"八桂大地"的三月三盛大节日展开，"五彩"既代表五彩斑斓的广西民族，也代表产品中文化元素的主要来源。"乐"传达欢乐品牌个性和氛围。该品牌构思是对多姿民族、秀丽大地和灿烂传统文化的精彩总结，借助最接地气的文物史料与生活故事，连接着传统和现代，传达对品牌的美好愿景。

（4）产品属性

这款产品是一款壮锦技艺衍生文创体验产品，以"壮锦""技艺""体验"为关键词，通过搭建广西民族博物馆的产品服务系统，让用户体验壮锦技艺，最后用户会产出一款自定义壮锦产品，以感受文化熏陶和体验教育为目的，搭建用户价值提升路径。

2. 以壮锦为例的广西民族博物馆 MCCPSSD 方案构思

研发新文创产品时，文化数字资源库可以方便筛选出合适的文化资料，在继续深耕广西民族博物馆的特色文化基因后，设计师兼顾产品的研学知识性和交互趣味性，借助线上和线下的平台，构建故事体验情景，满足个性化配置，将游戏主动权交到消费者手中，设计具有交互化，数字化与体验感强的产品，做出服务新一代年轻人喜好的产品。在产品体验之后，消费者可以在社区平台分享自己的的成果和交流，完成个人价值提升，用户互相推荐产品，构建生态自适应增长平台。用户体验旅程地图如图5-30所示。该设计涉及到设计师、文物研究员、企业合作者以及其他相关从业者，以消费者的产品体验视角的产品服务系统设计，通过设计师角色构建基于广西民族博物馆的文创产品服务系统体验。以用户体验流程视角在强化品牌形象、搭建世界观、线下产品可玩性、线上游戏趣味性、提升与用户黏性等五个方面形成完整的体验链路。

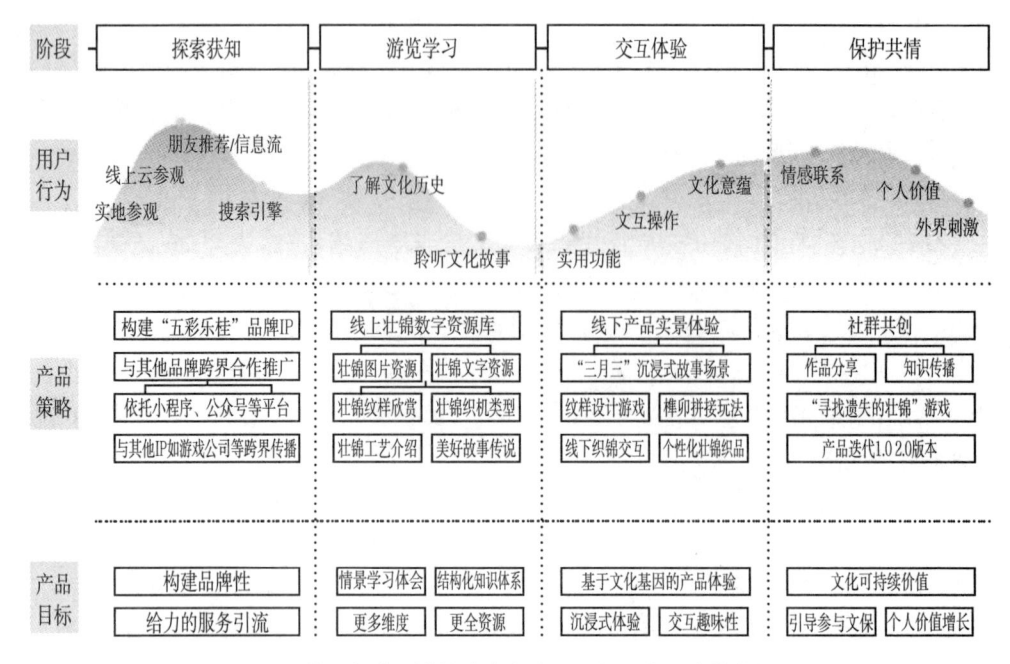

阶段	探索获知	游览学习	交互体验	保护共情
用户行为	朋友推荐/信息流 线上云参观 实地参观　搜索引擎	了解文化历史 聆听文化故事	文化意蕴 文互操作 实用功能	情感联系 个人价值 外界刺激
产品策略	构建"五彩乐桂"品牌IP 与其他品牌跨界合作推广 依托小程序、公众号等平台 与其他IP如游戏公司等跨界传播	线上壮锦数字资源库 壮锦图片资源　壮锦文字资源 壮锦纹样欣赏　壮锦织机类型 壮锦工艺介绍　美好故事传说	线下产品实景体验 "三月三"沉浸式故事场景 纹样设计游戏　榫卯拼接玩法 线下织锦交互　个性化壮锦织品	社群共创 作品分享　知识传播 "寻找遗失的壮锦"游戏 产品迭代1.0 2.0版本
产品目标	构建品牌性 给力的服务引流	情景学习体会　结构化知识体系 更多维度　更全资源	基于文化基因的产品体验 沉浸式体验　交互趣味性	文化可持续价值 引导参与文保　个人价值增长

图5-30 基于壮锦的博物馆文创产品服务系统用户旅程图

（1）构建品牌

IP特性：深耕广西民族博物馆特色文化基因，文化数字资源库结构化拆解，经由机器学习和人工校正，将专业深奥的壮锦文化资源层层剖析，从广西民族博物馆的本身提取文物文化特色，以壮锦结合标签的形式结构化储存，从壮锦溯源，壮锦功能，壮锦图案和壮锦工艺四个部分整理壮锦传统手工艺文化资源。

（2）搭建"壮族三月三"故事背景

"壮族三月三"被誉为中国国家非物质文化遗产名录之一，将产品体验和三月三的壮族传统节日背景紧密结合，通过数字化等技术辅以从叙事故事，结合传统的文化活动为灵感开发对应线上交互游戏，例如对歌择偶游戏，壮锦纹样设计体验，传统美食制作体验等游戏开发成就壮乡别样美感。

（3）线下壮锦织机体验

选取"壮锦竹笼机"提取造型符号和织机原理，同时简化传统织机结构，辅以五感等设计方法进行创新型转译。在体验过程中，将传统复杂工艺交互转化为用户易接受的体验步骤，让用户可以织出简单的壮锦纹样。

（4）配套线上游戏体验

数字化时代，游戏成为主流，可以在很大程度上提升体验的交互感。该体系在三个阶段都融入了游戏元素，分别是壮锦数字博物馆，纹样设计平台，壮锦文化保护小游戏。首先通过搭建壮锦传统知识内容体系普及相关资源知识，用户可以从壮锦历史发展、织机工艺、纹样故事传说多维度对壮锦构建全面的感知。纹样设计配合线下壮锦织机的使用，和竹笼的纹样信息储存逻辑一致，可以让用户先完成对壮锦成品的构思，然后通过线下织机制作出来。"寻找遗失的壮锦"游戏是一项数字供养人计划，旨在提升保护文化遗产的意识。

（5）构建生态自适应增长社群

平台的主要功能是支持平台用户之间的交流，产品体验的售后服务等。构建一个生态自适应增长平台，需要完整的产品体验链路和以个人成长价值驱动社群的运营，从而既满足用户的情感价值需求又能维持产品系统的自我增值。

（三）以壮锦为例的案例 MCCPSSD 方案展示

该产品主要思路以产品服务系统框架为指导，呈现方式从设计要素的维度分析壮锦传统方式和新文创产品之间的关系，主要呈现产出通过产品 IP、故事情景打造、设计纹样游戏、织机硬件产品、生态社群四个部分展开。

1. 产品的探索与获知——产品购买营销

广西民族博物馆的文创产品系列在品牌 IP 上，采用"五彩乐桂"文字品牌标志（图5-31）。选取容易识别的隶变字体进行变形处理，融入了一些连笔的特征，蕴含各民族亲如一家的内涵。经过细化后的标志设计如下。其中简约化的品牌标志具有可拓展性，通过颜色，宣传标语的组合延展等拓展品牌标志表达形式。作为壮锦文创产品设计外观表现如包装、产品上应强化品牌 IP 的形象，内在情感联结出品牌 IP 的"勤劳智慧"、"喜乐欢愉"的情感特色。IP 的价值观内核是加深用户和产品情感连接的重要资产。

图5-31 广西民族博物馆的品牌标志设计

在产品营销方面从强化品牌化战略入手，依靠各平台信息不同的传播优势，将其文化要素人们日常接触到的平台内容中。具体来说：推出广西民族博物馆 App、抖音等社交媒体账号，并借此宣传"五彩乐桂"IP 形象；与零售产业跨界合作拓宽 IP 价值产业链，增加品牌的曝光度；同时构建完善的销售链路，打通线上线下的购买通道，为博物馆的购买机会延伸至线上平台，开设天猫淘宝等官方文创商店。在产品的宣传说明展示页面和包装上，充分展示产品的文化要素信息，强化以"喜乐欢愉"的 IP 品牌形象。同时拓宽壮锦的跨媒介传播，通过联动知名的网游，从人物世界观与壮锦故事，个性符号与文化符号中找出壮锦和游戏人物之间的关联性，设计出带有壮锦特色的英雄人物皮肤，让更多的年轻人感受壮锦魅力。在博物馆内或演播厅搭建壮锦展示舞台，通过演绎壮锦美丽纹样的舞蹈剧等，让更多群众领略壮锦的文化魅力，联合线上线下的推动壮锦文化的传播。

服务功能上打通了购买体验与服务的整个过程，并运用数字化平台重建了服务商、创意者与消费者之间的关联。从消费者的参与感、舒适感、服务者的专业素养和高效率进行提升。首先让公众直接参与设计流程，提供更有效、更准确的产品销售。在商品挑选环节，采用智能化的等手段实现人性化的导购，并积极利用大数据挖掘调整设计方案；在购物消费环节，系统充分考虑了用户的消费感受、产品咨询等因素，以形成了一条龙的售后服务。例如通过整合 AR 技术实现了虚拟实验的功能，使顾客在得到了实际的产品效果后实现在线支付，从而完成了消费闭环。对服务人员给予文化教育培训，建立对文创产品的深刻理解，作为和用户接触最密切的人员，将用户痛点和需求及时反馈到创作者，从而快速将一手资料投入到产品的迭代中。

2. 产品的游览与学习——故事情景打造

搭建"壮族三月三"故事背景。"壮族三月三"被誉为中国国家非物质文化遗产名录之一，将产品体验和三月三的壮族传统节日背景紧密结合，通过数字化等技术辅以从叙事故事，结合传统的文化活动为灵感开发对应线上交互游戏，例如对歌择偶游戏，壮锦纹样设计体验，传统美食制作体验等游戏开发成就壮乡别样美感。壮锦是壮族人民表现旖旎爱情、拳拳亲情、诚挚感情的一个良好载体。这种情感蕴含在壮锦的传说中，壮锦的纹样设计，壮锦的编织工艺中。壮锦 App 平台的"认识壮锦织机"功能作为儿童体验织机的第一步，以叙事设计方式搭建三月三壮族节日，将壮锦体验与三月三的壮族节日背景结合：在故事情境里，可以选择唱山歌、跳竹竿舞，壮锦手艺或是壮家五色糯米饭三个核心体验秀出了最丰腴的节日气氛，选择不同的故事情节会带领不一样的故事结局，成就了壮乡别样的美感。

3. 软件交互体验——DIY 纹样设计游戏

织锦之前需要纹样设计和打稿，壮锦的纹样设计主要从传统壮锦工艺原理和色彩纹样特征，寻找出 DIY 壮锦风格纹样作品的实现路径。现在利用数字化技术，采集壮锦纹样信息后利用机器学习算法中的风格迁移模型学习壮锦纹样，将现实中的物体图片一定程度上转化为壮锦纹样风格输出，扩大壮锦织机的现实触点。

色彩取色：分析传统壮锦纹样发现，壮锦和其他锦的主要区别在于鲜明的色彩搭配，马赛克式的纹样结构。首先在服饰上的配色有着自身独特的文化理念，大部分以青黑为主调，辅以红、黄、蓝、绿等基本色彩点缀，形成鲜明的对比色调；纹样呈现重复性特点，例如方胜纹、回字纹、蝶恋花等，传统的广西民族壮锦纹样如图 5-32。传统壮锦在纹样构思阶段，是将脑海中的图案表达在网格纸，行对应织机上的纬线，列对应织机上的经线，在纵横交织组成的网格中，通过填涂色块完成灵感的呈现，绘制方式如图 5-33。使用"天才设计师"系统设计纹样稿，其色彩范围选择壮锦几种特定红、黄、蓝、绿等颜色，用户的灵感绘制也在方格纸上展开，用户填涂几个色块后，通过色块的旋转，堆叠，复制等变换，将图案转化为壮锦风格纹样。同样填涂后可以点按"风格迁移"，可以生成集中壮锦风格纹样的图案供用户选择（"风格迁移"通过组合取材于壮锦的 5 个主题和 50 多个纹样元素，一键生成专属风格纹样）。壮锦纹样元素现代转译示例如图 5-34，为 App 上输出可编织的壮锦纹样稿的过程。

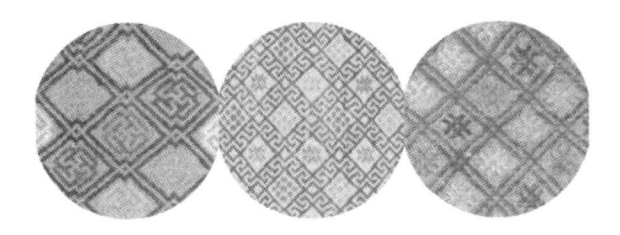

图5-32 传统的广西民族壮锦纹样图

图5-33 传统的壮锦纹样图案绘制方式

图5-34 壮锦纹样的转译示例

纹样花式：由于受到经线和纬线影响，壮锦的结构与图案织制都会产生了具有几何折线的形状特点，并最终产生了近似于马赛克效果的壮锦纹样。因此在设计中加入同为马赛克元素的像素画游戏，通过 16×16 格划分识别壮锦纹样色块，这款游戏的规则类似于赛马游戏，坐标上的数字代表了所在行或列的色块组合方式的特征，根据数字的规律特征找到色块的组合方式进而填色。用户在玩游戏的同时加深对纹样的熟悉，锻炼了逻辑数理能力。在编织体验过程中，图案以色块颜色区分引导用户体验提线分综，例如棕色的是在上面纬线，红色部分是要压在下面的纬线。同时也感受到了壮锦的纹样特色文化，壮锦 App 平台界面设计图，如图 5-35 所示。传统壮锦手工艺和产品服务系统的感官设计部分创新方式映射关系如表 5-1。

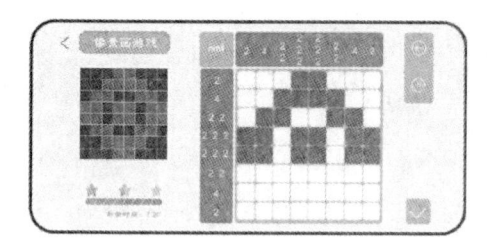

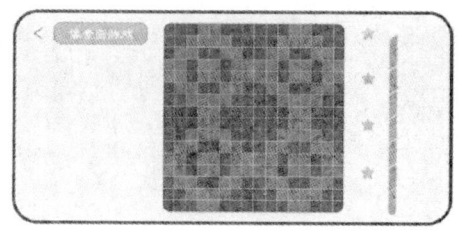

图5-35 壮锦配套App界面设计图

表5-1 传统手工艺与体验创新映射关系表（一）

产品维度	设计要素	传统方式	创新方式
软件交互体验	色彩取色	青黑和五彩点缀	传统壮锦的原色还原
	纹样花式	重复性花纹特征，有二龙戏珠、回纹、花卉、动物等50多种花纹样式	风格迁移技术，将传统壮锦花纹的重新组合

4. 实物体验—织机硬件产品

产品的线下织机体验交互作为最重要的元素之一，传统壮锦手工艺的传统方式和产品服务系统的体验交互部分创新方式映射关系如表 5-2，以增强使用感的设计体验要求。

表5-2 传统手工艺与体验创新映射关系表（二）

产品维度	设计要素	传统方式	创新方式
实物体验	形状造型	"竹笼织锦机"	1. 分解提炼 2. 抽象概括 3. 模块化造型特质
	取材工艺	竹子和木材并用	1. 提炼原材 2. 产品的可用性和易用性
	实用功能	编织结实耐穿的布衣或生活用品	与材料包组合作为装饰品
	交互方式	包含通经断纬等15个步骤，其中提花装置储存纹样信息	1. 材料包DIY纹样设计 2. 实体文创榫卯拼装 3. 纹样信息储存在模块组合关系中

织机硬件的创新改造主要从产品外观和编织步骤两方面进行讲解。织锦机的外观设计选取最具传统意义价值的宾阳竹笼机为例，通过外观，功能的现代化转译，使宾阳竹笼机重焕生机和活力。原型机台长173厘米，机架高109厘米，以竹木制成，装有支撑系统、传动装置、分综装置和提花装置，其特色在于按机上的（花笼）提织花纹图案，预设图案先以（挑花尺）挑出，再用（编花竹）把图案组织的起综顺序编排于竹笼上。在对传统壮锦织机体验设计的过程中，将传统竹笼机的功能拆解，在产品设计中将功能整合重组在三角形的支撑面板系统中，提供支撑和固定绕线作用，从而减小壮锦教具整体的空间体积并简化织机结构。其次模块之间通过榫卯结构组合，不需要任何零件，就可以完成织机的组装，材质的触感和极大程度影响用户对产品的感知，因此织机机身、理线器和梭子取材依旧以木材为主，深棕色的木材传达沉静悠远的力量。由于压线的小模块的使用频率较高，因此选择不易磨损和形变的ABS简约白塑料。宾阳竹笼机和创新织机外观如图5-36。

图5-36 "宾阳竹笼机"壮锦织机和创新织机外观展示图

壮锦编织步骤上的改变，主要是由于现代数字化科技的融合，围绕织机织造功能展开主要为五个步骤，分别是设计纹样、织机拼装、绕线准备、提线分综、挑花织锦。从技术可供性角度分析壮锦技艺转译框架如图5-37所示。

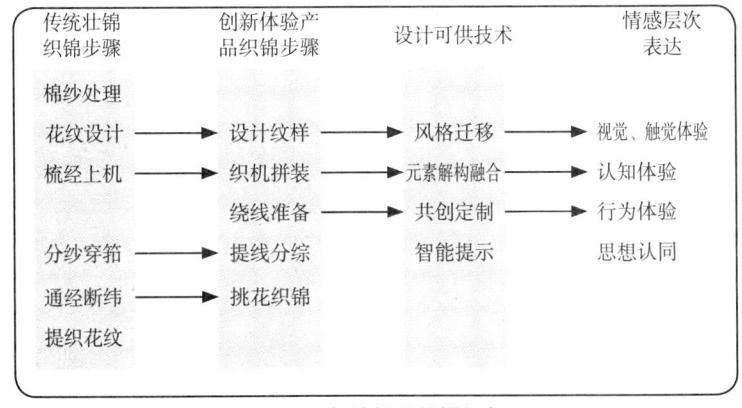

图5-37 壮锦技艺转译框架

第一步设计纹样：依托壮锦文创产品的配套App设计纹样稿，得益于人工智能技术的兴起，智能设计引擎使机器自动设计纹样稿变为可能。该平台将前期手工获取的信息处理后，利用"风格迁移"方法将画出的图案转化为带有壮锦纹样色彩和几何造型特色的图案。

第二步织机拼装：将零件集合到三角支撑板的铆接孔中，零件之间的组合方式融合中国传统的榫卯结构，同时将传统竹笼机的造型结构解构重组，利用传统的榫卯技术将拆解后的各个模块固定，从而将各个功能重组在支撑面板。

第三步绕线准备：将棉纱绕到支撑板的固线桩上。该过程还原传统"梳经上机"步骤，即将经线固定在支撑面板上，这一步中由于绕线步骤的传统仪式感，使用户感受到织锦的韵律和细致。

第四步提线分综：是壮锦织机过程中的一个特色步骤。在原先的织机中步骤主要是根据纹样设计将经线缠绕在竹笼中完成程式化的上下分综。传统的步骤如图5-38。在设计过程中，保留并简化改进竹笼的特色功能，在传统结构中支撑经线的结构上加入竹笼模块，利用不同模块的内部周期性压线结构实现功能，使用户在使用过程中能分析每一行的经线变化，挑选合适的模块组合方式实现相似功能。

图5-38 传统壮锦织机的提线分综步骤

第五步将"竹笼机"的挑线绕线功能转换为转轴压片装置，达到类似效果。转轴压片主要由可组装的压线压片组成，压片中包含小型的电子收发器，从而与控制板进行通信提示，实现用户无障碍组装，减少学习成本。压片中包含不规则图形，由横向挑线更改为纵向压线，跟随转轴转动实现程式化经纬线控制，织造重复花纹图案。模块组装顺序按照用户生成的壮锦纹样自动计算，织机上集成的灯光组件，引导用户进行正确的编织，若拼接正确亮绿色示意灯，错误则亮红色示意灯，指示用户重新进行组装，使用户感受到传统手工和现代科技的碰撞。为提高用户的可用性并降低使用门槛，在设计纹样中不会出现过于复杂的图案，因此在技术中采纳市面普遍的梭子设计，同比缩小实际使用的壮锦梭子，作为配件引导穿线，并在梭子每穿引一行后，转轴旋转90度分开不用的经线。第四、五步的使用示范流程，如图5-39所示。用户在参与过程中体会编织的动态变化,具有逻辑和趣味性,最后编织的成品可以和吊坠,香包等元素组合,作为具有生活实用功能的小物件。

图5-39 壮锦文创的编织体验流程

5. 产品的保护共情—生态社群

构建生态自适应增长的社群是文创产品服务系统的重要维度,需要贴心的产品服务支持和具有吸引力的自生长机制,主要通过搭建社群交流平台、"数字供养人"计划和产品的迭代等三方面提升文创产品的文化内涵,从而既满足用户的情感价值需求,又能维持产品系统的自我增值。

"寻找遗失的壮锦"游戏是一项"数字供养人"计划,通过用户拼图,寻找丢失的壮锦,让用户构建对保护文物的感知,提升保护文化遗产的意识。社区平台以App为媒介,搭建全方位文化展示服务圈,运营服务人员选择壮锦图片打造丰富的壮锦文化知识平台,通过每日甄选一幅壮锦、一个故事和一句谚语等方式,使消费者无意识地完成每天打卡,培养了后续消费潜力,又使其足不出户就能感受到壮锦文化之美。持续性的内容供给能强化文化在消费者心中的感受力,节约了大量的文化传播成本。用户可以分享内容给其他用户,这样的互动形式传播范围广、普及效率高而备受青睐,且实现了博物馆对文化资料的数字化储存维护与优化配置。此外,为每个消费者设计的壮锦都被收入壮锦纹样数字博物馆,大家可进行参与和共享至朋友圈,从而带来了新的文明传播。利用现代科技和文物艺术的融合,让社会大众直接参与到文创产品从设计制造到消费购买的全过程中,也是博物馆可持续发展的积极意义之所在。

参 考 文 献

[1] [清]孙佩编. 苏州织造局志12卷[M]. 南京：江苏人民出版社. 1959.
[2] 李娥英. 苏绣技法[M]. 北京. 轻工业出版社，1965.
[3] [法]罗丹. 罗丹艺术论[M]. 北京：人民美术出版社，1978.
[4] [清]叶梦珠撰. 阅世编10卷[M]. 上海：上海古籍出版社，1981.
[5] 黄时鉴点校. 通制条格[M]. 杭州：浙江古籍出版社，1986.
[6] 刘石吉. 明清时代江南地区的专业市镇[M]. 北京：国社会科学出版社，1987.
[7] [英]奥斯卡·王尔德. 唯美主义[M]. 赵澧，徐京安，译. 北京：中国人民大学出版社，1988.
[8] 中国青铜时代（第2辑）[M]. 北京：三联书店，1990.
[9] 陆允昌编. 苏州洋关史料1896-1945[M]. 南京：南京大学出版社，1991.
[10] 潘鲁生. 中国民间美术工艺学[M]. 南京：江苏美术出版社，1992.
[11] 詹一先. 吴县地方志编纂委员会编. 吴县志[M]. 上海：上海古籍出版社，1994.
[12] 孙佩兰. 吴地刺绣文化[M]. 江苏：南京大学出版社，1997.
[13] 陈正明. 道观壁画的光辉遗存——《永乐宫壁画全集》简介[J]. 美术之友，1997（03）.
[14] [英]迈克·费瑟斯通. 消费文化与后现代主义[M]. 刘精明，译. 南京：译林出版社，2000.
[15] 苏日娜. 蒙元时期蒙古族的服饰原料——蒙元时期蒙古族服饰研究之一[J]. 黑龙江民族丛刊，2000（01）.
[16] 张乃仁. 设计词典[M]. 北京：北京理工大学出版社，2002.
[17] 赵江洪. 第二条设计真知[M]. 石家庄：河北美术出版社，2003.
[18] 张朗. 湖北民间雕花剪纸[J]. 湖北美术学院学报，2003（01）.
[19] 李思屈. 广告符号学[M]. 成都：四川大学出版社，2004.
[20] 余明阳，朱纪达，肖俊崧. 品牌传播学[M]. 上海：上海交通大学出版社，2005.
[21] 赵丰. 中国丝绸艺术史[M]. 北京：文物出版社，2005.
[22] 梁旻. 环境设计概论[M]. 上海：上海人民美术出版社，2007.
[23] 田伟，范立娜，张星. 唐代服饰图案及其文化内涵[J]. 装饰，2007（03）.

[24] 金元浦，谭好哲，陆学明. 中国文化概论[M]. 北京：首都师范大学出版社，2008.

[25] 万萱. 图形创意[M]. 成都：西南交通大学出版社，2009.

[26] 李志宏. 文学通论原理[M]. 长春：吉林大学出版社，2010.

[27] 李晰. 汉服论[D]. 西安：西安美术学院，2010.

[28] 夏燕靖. 艺术设计原理[M]. 上海：上海文化出版社，2010.

[29] 杨玉清，贾京生. 同工而异曲：中国蓝印花布与日本红型比较研究[J]. 浙江纺织服装职业技术学院学报，2010，9（02）.

[30] 罗仕鉴，朱上上. 服务设计[M]. 北京：机械工业出版社，2011.

[31] 郭绍义，高亮. 谈中国传统图案教学的创新[J]. 大众文艺，2011（01）.

[32] 吴元新，吴灵姝. 传统夹缬的工艺特征[J]. 南京艺术学院学报（美术与设计版），2011（04）.

[33] 骆郁廷. 文化软实力：战略、结构与路径[M]. 北京：中国社会科学出版社，2012.

[34] 唐瑞宜，周博，张馥玫. 去殖民化的设计与人类学：设计人类学的用途[J]. 世界美术，2012（04）.

[35] 王欣. 当代苏绣艺术研究[D]. 苏州：苏州大学，2013.

[36] [英]贾斯汀·奥康诺著. 艺术与创意产业[M]. 王斌，张良丛，译，北京：中央编译出版社，2013.

[37] 徐碧辉. 审美权利和审美伤害——马克思主义美学研究的一个新视阈[J]. 探索与争鸣，2013（04）.

[38] 赵毅衡. 重新定义符号与符号学[J]. 国际新闻界，2013，35（06）.

[39] [美]克雷格·M. 沃格尔，乔纳森·卡根博士. 创新设计：如何打造赢得用户产品、服务与商业模式[M]. 吴卓浩，郑佳朋，译，北京：电子工业出版社，2014.

[40] [美]玛丽-劳尔·瑞安. 故事的变身[M]. 张新军，译. 南京：译林出版社，2014.

[41] 沈从文. 沈从文说文物——织锦篇[M]. 重庆：重庆大学出版社，2014.

[42] 刘安琳. 华夏有衣，襟带天地——浅析汉衣冠审美文化沿革[J]. 山东广播电视大学学报，2014（02）.

[43] 张丽红. 红山玉龙艺术造型的文化内涵[J]. 艺术评论，2014（04）.

[44] 陈筱，戴端，周连超. 器以载道、蕴情契形——从器与道的关系探讨产品设计的方式[J]. 设计，2014（09）.

[45] 马胜亮. "服"以载道——汉服的文化内涵研究[D]. 长沙：湖南工业大学，2014.

[46] 王国胜. 服务设计与创新[M]. 北京：中国建筑工业出版社，2015.

[47] 茶山. 服务设计微日记[M]. 北京：电子工业出版社，2015.

[48] [清]钱止庵，孙鸣庵辑. 吴门补乘；苏州织造局志[M]. 上海：上海古籍出版社. 2015.

[49] 莫逆. 博物馆文创开发的核心思路与设计要点[J]. 中国博物馆文化产业研究，2015（00）.

[50] [明]张应文撰，许大庆编著. 清秘藏[M]. 沈阳：沈阳出版社，2016.

[51] 马熙逵. 羌族挑花纹饰研究[J]. 齐鲁艺苑，2015（06）.

[52] 王国胜. 触点——服务设计的全球语境[M]. 北京：人民邮电出版社，2017.

[53] 范周. 言之有范：互联网时代的文化思考[M]. 北京：知识产权出版社，2017.

[54] 陈泽恺. "带得走的文化"——文创产品的定义分类与"3C共鸣原理"[J]. 现代交际，2017（02）.

[55] 陈先达. 中国传统文化的创造性转化和发展[J]. 前线，2017（02）.

[56] 宋国栋. 壮族服饰图案纹样在现代室内设计中的应用价值研究[J]. 家具与室内装饰，2017（03）.

[57] 耿兆辉，李明，黎云靥等. 蒲溪羌族针线包的结构及装饰语义分析[J]. 装饰，2017（03）.

[58] 丰帆. 唐代女性服饰与图案研究[J]. 家具与室内装饰，2017（08）.

[59] 楚东晓，楚雪曼，彭玉洁. 从"造物之美"到"造义之变"的服务产品设计研究[J]. 包装工程，2017，38（10）.

[60] 詹一虹. 文化产业管理概论[M]. 北京：中华书局，2017.

[61] 史锦秀. 艾特玛托夫自然观的民族渊源[J]. 中国语言文研究，2018，23（01）.

[62] 郑姣. 五彩丝线上的历史记忆——以茂县黑虎寨典型羌绣为例[J]. 装饰，2018（07）.

[63] 江莎莉. 中国传统印花工艺在纺织品设计中的应用[J]. 染整技术，2018，40（07）.

[64] 徐碧辉. 都市化语境下的审美需要、审美剥夺和审美权利[J]. 探索与争鸣，2018（09）.

[65] 崔璨，李鹏，窦乐乐. 石榴纹家具装饰工艺的视觉艺术性研究[J]. 工业设计，2018（10）.

[66] 罗仕鉴，邹文茵. 服务设计研究现状与进展[J]. 包装工程，2018，39（24）.

[67] 高子茜. 汉服运动中改良派与复原派的博弈[D]. 上海：华东师范大学，2019.

[68] [清]丁佩. 绣谱[M]. 济南：山东画报出版社，2019.

[69] [清]沈寿，口述. 清张謇，整理. 王逸君，译注. 绣谱[M]. 济南：山东画报出版社，2019.

[70] 周娉，陈雨薇，石佳琦. 基于用户体验的博物馆文创产品个性化定制APP设计[J].

湖南包装，2019，34（02）．

[71] 贾国涛．宜花宜人宜风雅——释证宋代青铜琮瓶初始功用及符号义涵的叠加性[J]．装饰，2019（08）．

[72] 杨蓓，钟玮，张婉玉．基于符号学的凉山彝绣图形设计与创新实践[J]．丝绸，2020，57（03）．

[73] 薛晓霞．十二生肖文创产品设计研究[J]．包装工程，2019，40（16）．

[74] 陈羽宣．当下品牌的跨界联名——"国潮"兴起[J]．大众文艺，2019（17）．

[75] 戴灵慧，寸亦秦，王玮．高校文创如何引导绿色消费——以南京林业大学为例[J]．艺术科技，2020，33（17）．

[76] 王思策，蒋兴花，苏晓．土家织锦在文创产品中的设计方法研究[J]．戏剧之家，2019（34）．

[77] 姚林青．"国潮"热何以形成[J]．人民论坛，2019（35）．

[78] 张康宁．永乐宫《朝元图》女性形象在商业插画中的设计转化[J]．山西青年职业学院学报，2020，33（01）．

[79] 雒飞阳，蔡克中．"国潮"背景下的产品设计研究[J]．工业设计，2020（01）．

[80] 薛冰．唐代末期长沙窑外销瓷的贸易特征——以"黑石号"出水瓷器为例[J]．工业技术与职业教育，2020，18（04）．

[81] 何鸿飞．文化企业价值评估的指标体系探究——基于文化产品和服务视角[J]．人文天下，2020（11）．

[82] 梅朵．传统手工艺文化在当代的复兴[J]．艺术研究，2020（06）．

[83] 肖劲蓉．墩头蓝染在现代家具设计及软装中的创新研究[J]．林产工业，2020，57（11）．

[84] 侯梦．"国潮"背景下传统图案在包装设计中的应用探究[J]．绿色包装，2020（12）．

[85] 徐芳，应洁茹．国内外用户画像研究综述[J]．图书馆学研究，2020（12）．

[86] 中国（海南）南海博物馆龙泉青瓷的海上万里航行之路——"龙行万里——海上丝绸之路上的龙泉青瓷"展览赏析[J]．文化月刊，2021（02）．

[87] 齐昱存，栾海龙．国潮背景下满族吉祥纹样在现代服装设计中的创新应用[J]．山东纺织科技，2021，62（02）．

[88] 丁焕．新时代弘扬中华优秀传统文化的路径探析[J]．汉字文化，2021（02）．

[89] 耿卉，宋魁彦．邯郸建筑元素在文创产品中的设计应用[J]．家具与室内装饰，2021（02）．

[90] 梁振文．永乐宫"三清殿"壁画中装饰图案的艺术构成探析[J]．美与时代（上），2021（04）．

[91] 郝婷,张振,范斌. 地域文化视角下文化创意产品的开发与设计[J]. 包装工程,2021,42(08).

[92] 陈雪,王玮,顾天威. 苏州园林元素在现代别墅室内设计中的运用[J]. 美术教育研究,2021(13).